WETTERPROPHETEN

Wetterpropheten

Ein Buch über den Meteorologischen Verein Innerschwyz

Mit viel Wissenswertem über die traditionelle und wissenschaftliche Vorhersage des Wetters

Ileana Soana

WALDE + GRAF

Inhalt

7 Meteorologischer Verein Innerschwyz
10 Statut
16 Vorwort: Ileana Soana
18 «Schenkelklopfer gegen die Launen der Natur», Essay von Lukas Walde
24 Landkarte
26 Muotatal
41 Wetterpropheten
42 Peter Suter
58 Martin Horat
84 Karl Reichmuth
98 Benny Wagner
118 Alois Holdener
148 Martin Holdener
173 Wetterprognose Winter 09/10
177 Persönlichkeiten im Verein
178 Präsident
184 Meldeläufer
186 Pfarrer
201 Wissenschaftliche Wetterprognose, Beitrag von Eugen Müller
221 Anhang
239 Autorin

Meteorologischer Verein Innerschwyz

Meteorologischer Verein
Innerschwyz

Meteorologischer Verein

Zum Geleit!

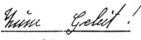

Der Meteorologische Verein Innerschwyz wurde
von Zacharias Föhn Zingel Ried-Muotathal
und Melk Anton Bürgler Ilgau als sehr
Aktife Wetterprofeten bei einer Zusammenkunft im
Gasthaus Adler, im Winter 1946 auf 1947
gegründet. Anwesend waren noch einige Bürger
vom Muotathal u. Steinen. Der Verein bezweckt
in erster Linie die Wettervorhersage der beiden
oben erwähnten Profeten, in den Vereinsversammlungen
und in der Tagespresse. Ferner hat der
Verein die Aufgabe, in Ordentlicher und wenn

es erforderlich, in Ausserordentlicher Versammlung
die Geschehnisse des Tages in der näheren
und weitern Umgebung in humorvoller Weise
zu Skizieren und den Versammelten zu ihrer
Beratung und Beschlussfassung zu unterbreiten
jedoch unter der Voraussetzung niemanden
dadurch Weh zu tun, oder zu Schaden.
In einem Satz zusammengefasst: eine Freud
für Jung und Alt! Lustig in Ehren kann
niemand verwehren. Mitglied kann jeder und
jede Schweizerbürger (Bürgerin) werden welche

in den Bürgerlichen Ehren und Rechten steht.

Der jährliche Mitgliederbeitrag wird jeweils

an der Generalversammlung festgesetzt, ebenso

den Ort der Versammlung. Die Amtsdauer

eines Vorstandsmitgliedes wird auf ein Jahr

festgesetzt. Ein Mitglied ist verpflichtet eine

Wahl für eine Amtsdauer anzunehmen.

Im Weigerungsfalle hat derselbe Fr

in die Kasse zu bezahlen.

Der Vorstand besteht und setzt sich wie

folgt zusammen: Aus Präsident, Vitzepräsident,

Kassier, Aktuar, Vitzenaktuar, Fähntrich,

Nebenfähndrich, Musiker, Jodler, evtl. Sänger

u. 1. Meldeläufer und was nicht unerwähnt

bleiben darf ein Materialverwalter welch

letzterer die Instandhaltung der Barometer

zu besorgen hat.

Möge ein guter Stern über dem Vereine

leuchten und Gott möge seine Mitglieder

vor zeitlichen und ewigen Gefahren schützen.

Nun Gott zum Gruss

Euer Aktuar!

Franz Suter.

KATH. METEOROLOG

Wetterprophetenzimmer
im Gasthaus «Kreuz» in Seewen

Das Wetter ist von jeher ein grosses Thema. Und wohl schon seit Menschheitsbeginn gibt es den Wunsch und unzählige Versuche, es vorherbestimmen zu können. Denn das Wetter bedeutete Wohl und Weh, und so gab es in fast allen frühen Kulturen Wettergötter, und später, nach der Christianisierung unserer Breiten, traten Schutzpatrone und Wetterheilige an ihre Stelle. Besonders eifrig wurden sie dort verehrt, wo extreme Wetterereignisse das Leben der Menschen bedrohten. Das galt insbesondere auch für Bergregionen, und so verwundert es nicht, dass in diesen Regionen nicht nur der Glaube stark ausgeprägt war, sondern auch die Fähigkeit, die Natur zu deuten und das Wetter zu lesen. Auch in der Innerschweiz, besonders im Muotatal[1], hat das Prophezeien des Wetters eine lange Tradition. In diesem wildromantischen, im Kanton Schwyz gelegenen Voralpental wechselt das Wetter besonders schnell. Der erste bekannte Wetterprophet war Jörlieni (Georg Leonhard) Schmidig in Bisisthal, der dort im 18. Jahrhundert lebte und arbeitete. Die Tradition der persönlichen Wettervorhersage setzt sich bis heute fort. Seit 63 Jahren gibt es den Meteorologischen Verein Innerschwyz[2]. Er bezweckt in erster Linie die kurzfristige sowie langfristige Wettervorhersage, jedoch auf humorvolle Art und Weise. Hierbei ist wichtig zu erwähnen, dass sich die Wettervorhersagen nur auf die Zentralschweiz[3] beziehen, die Heimat der zurzeit sechs aktiven Wetterkenner. Sie sagen das Wetter für einen Zeitraum von sechs Monaten voraus, und weil das eine sehr lange Zeitspanne ist, bezeichnen sich die Wetterkenner richtigerweise und augenzwinkernd als Wetterpropheten. Zweimal jährlich tragen sie ihre mit viel Humor verbundenen Wettervorhersagen bei den Generalversammlungen vor. Die urchigen, landwirtschaftlich orientierten «Wetterschmöcker»: Peter Suter (Sandstrahler)[4], Martin Horat (Wettermissionar)[5], Karl Reichmuth (Steinbockjäger)[6], Benny Wagner (Geissdaddy)[7], Alois Holdener (Tannzapfen)[8] und Martin Holdener (Musers)[9] führen spezielle Beobachtungen in der freien Natur durch, um auf der Basis ihrer Naturbeobachtungen Wetterprognosen zu erstellen. Winde, Pflanzen, Mäuse, Ameisen, Füchse, Tannenzapfen und Schnee, aber auch alte Schriften dienen den Propheten als Quelle der Weisheit und geben einen Einblick in ihre ganz besondere Arbeitsweise.

1 S. 26
2 S. 10
3 S. 24
4 S. 42
5 S. 58
6 S. 84
7 S. 98
8 S. 118
9 S. 148

Der Vorstand des Vereins entscheidet, wer Wetterprophet werden darf und wie viele es sind. Wer einmal gewählt wird, bleibt so lange aktiv, wie er mag. Erst nach seinem Tod oder Rücktritt rutscht ein junger Prophet nach. Es scheint eine unausgesprochene Regel zu sein, dass das Prophezeien den Männern vorbehalten bleibt. Frauen sind jedoch als Vereinsmitglieder herzlich willkommen.

Die Wetterpropheten arbeiten gegeneinander und nicht zusammen. Jeder von ihnen möchte den Titel des Wetterkönigs bekommen. Aber das kann nur derjenige, dessen Prognosen dem tatsächlichen Wettergeschehen im vergangenen Halbjahr am nahesten gekommen sind. Eine Jury, die das tägliche Wetter verfolgt und festhält, vergleicht es mit den Prophezeiungen. Anhand einer Skala von zwanzig möglichen Punkten wird jeder Wetterprophet bewertet. Mehr als achtzehn Punkte hat jedoch noch nie ein Wetterprophet erreicht. Der Gewinner wird bei der Generalversammlung bekanntgegeben. Er erhält einen Wanderpokal[10] und einen «Fünfliber» (5 Franken), der in ein rotes «Nastuch» (Taschentuch) eingewickelt ist. Ausserdem muss er der Presse Rede und Antwort stehen, was für manche ein Vergnügen und für andere eine Qual ist.

[10] S. 13

Im Frühling haben die Wetterpropheten Betriebsferien, denn in der Zeit vom 20. April bis zum 1. Mai weiss kein Mensch, wie das Wetter wird!

Der Präsident Joseph Bürgler[11] ist dafür zuständig, dass im Verein alles reibungslos funktioniert. Er selbst ist jedoch kein Wetterprophet! Für die Verbreitung der Wettermeldungen sind die beiden sogenannten Meldeläufer verantwortlich: Robert[12] ist für das Tal und Peter[13] für den Berg zuständig.

[11] S. 178
[12] S. 184
[13] S. 185

Der Verein wächst von Jahr zu Jahr und zählt heute 3000 Mitglieder in der Schweiz, in Österreich und in Kanada. Die Mitglieder zahlen jährlich einen Beitrag von 10 CHF und erhalten dafür halbjährlich die Prognosen[14] der Propheten zugeschickt.

[14] S. 174

Bei besonderen Anlässen steht dem Verein das Wetterfrosch-Zimmer[15] in Seewen zur Verfügung. In der Gastwirtschaft Kreuz gibt es einen Raum, der nach Voranmeldung für die Öffentlichkeit freigegeben ist. Dort befindet sich das Archiv der Wetterpropheten, das Einblicke in die Geschichte des Vereins gewährt.

[15] S. 14

Schenkelklopfer gegen die unberechenbaren Launen der Natur

Die Langwellen bekunden plötzlich Mühe, das Autoradio überträgt nur noch Wortfetzen. Zur Linken erhebt sich hoch ein steiles Grün. Saftige Matten, aus denen vereinzelt bodenständige Gaden spriessen, deren verwitterte Giebel sich dem wolkenlosen Himmel entgegenstrecken. Zur Rechten noch viel steileres Kalkgestein. Auf dem kleinen Streifen Asphalt dazwischen kommt man sich klein und unbedeutend vor. Es ist das erdrückende Gefühl, das man immer kriegt, wenn Bewegungsfreiheit beschnitten wird.

Und wer nicht klettern will, für den gibt es tatsächlich nur zwei Wege ins Muotatal: Von vorne her angreifen, über den Kantonshauptort Schwyz. Oder von hinten her einfallen, über den Kanton Glarus und die kurvige Passstrasse des Pragels. Der Rest des schmalen Talbodens ist umschlossen von scheinbar unbezwingbaren Felsriegeln wie der Windgälle, dem Höch Turm oder dem Bös Fulen. Namen, so mächtig und ungeschliffen wie ihre Besitzer.

Nicht in die Weite zu sehen. Eingeschlossen zu sein. Dieser Umstand hat sich tief in das Sprechen und Denken der Muotataler eingegraben. Peter Suter, 82, erfahrenster Wetterprophet der Innerschweiz, sagt: «Wir hier drin haben viel härtere Winter als ihr da draussen.» Dabei schlägt er mit der Metallspitze seines Gehstocks auf den Boden, so dass es klirrt. In dieser exponierten Region sieht sich wirklich jeder mit Hindernissen konfrontiert. Es scheint dabei nur fair: auch das Wetter.

Bleibt es an den Bergspitzen hängen, herrschen im Talkessel komplett andere Verhältnisse, als in der Tagesschau am Vorabend angekündigt wurden. Hat es der Eindringling dann einmal geschafft, findet er mehrere Tage nicht mehr hinaus. Das lokale Wetter bleibt für die Talbewohner damit unberechenbar. Ein Mysterium, das sie verstehen wollen.

«Wenn am Mittwoch der Föhn aufmacht, dann hält er eine Woche.»
A. K., Landwirt aus Muotathal, in einer Umfrage von 1972

Peter Suter forscht nach dem Wetter, beinahe seit er laufen kann. Der pensionierte Sandstrahler wohnt im Ried[16], einem kleinen [16] S. 24 Weiler der Gemeinde Muotathal. Die Muota, die Tal und Dorf ihren Namen leiht, fliesst wenige Meter neben seinem schmucken Riegelhaus vorbei. Hundert Schritte weiter liegt der Landgasthof Adler, wo im Sommer 1947 der «Katholische Meteorologen Verein Innerschwyz» aus der Taufe gehoben wurde. Suter besuchte damals gerade die Rekrutenschule. Über die stolze Haltung, den tadellosen Seitenscheitel und einen gutgetrimmten Schnurrbart oberhalb des spitz zulaufenden Kinns verfügt er bis heute. Aber der Dienst am Vaterland liess ihn das Ereignis verpassen, um das sich im Tal die Legenden ranken. So ist davon die Rede, die Vereinsgründung sei während eines halben Jahres streng geheim vorbereitet worden. Nichts von dem Vorhaben sei in dieser Zeit an die Öffentlichkeit gedrungen.

Für diese Art von Geschichtsschreibung hat Walter Laimbacher nur ein baritones Lachen übrig. Wenn jemand hier Bescheid weiss, dann ist es der Vereinschronist aus Seewen. Er lacht auch sonst gerne und viel. Sein rundliches Gesicht wird dann von Falten zerfurcht, die sich bis hoch in die kahle Stirn ziehen. Neben seinem Sinn für Humor überzeugt Walter Laimbacher[17] vor allem durch sein tiefes [17] S. 234 Fachwissen. Er hat Wetterchroniken der letzten 1000 Jahre aus ganz Europa studiert. Der pensionierte Landwirt suchte dabei nach Regelmässigkeiten, Wiederholungen und Auffälligkeiten. In einem dicken Ordner abgelegt, liegen die Forschungsergebnisse im Vereinsarchiv der Wetterpropheten. Daneben gehört seine zweite grosse Leidenschaft – auch sie mag Ordner zu füllen – der Lokalgeschichte.

«Als es den Wetterbericht noch nicht gab, waren die Bauersleute darauf angewiesen, die Zeichen der Natur deuten zu können», sagt Walter Laimbacher. Die Wurzeln des Innerschweizer Wetterprophetentums gehen für ihn bis ans Ende des 18. Jahrhunderts zurück. Im Bisisthal[18], einem Seitenast des Muotatals, lebte damals ein [18] S. 24 stämmiger Bärtiger – sein Name fiel bereits – Jörlieni Schmidig. Zu dessen Zeiten gab es hier nichts; heute existiert bis auf ein paar kleine Gehöfte wenig. Der Hirte war also auf die Informationen angewiesen, die ihm die Natur preisgab, um nicht plötzlich auf weiter Flur von einem Unwetter überrascht zu werden. Wie auch seine Nachfolger half sich Jörlieni Schmidig mit selbsterarbeiteten Windregeln. Die Bisisthaler prägten den Spruch: «Wenn der Wind regiert, nützt alles Beten nichts.» Geht es nach Walter Laimbacher, wird deren Einfluss auf die Gründung des Meteorologischen Vereins Innerschwyz bis heute unterschätzt – wie allgemein ihr Wissen in der Region lange belächelt wurde.

«Was der Föhn frisst, schiist er wieder.» Muotataler Bauernregel

Das mit der Anerkennung ist ganz allgemein ein schwieriges Thema für die Wetterpropheten. Der meteorologische Verein beklagt sich bis heute, in der eigenen Region einen schwereren Stand zu haben als anderswo. Den Luxus, die von der Natur preisgegebenen Informationen zu verschmähen, konnten sich vor dem Radiozeitalter jedoch auch die grössten Skeptiker unter den Landwirten nicht leisten. Wer die Zeichen nicht selbst zu deuten wusste, musste halt abschauen. Ein viel be(ob)achteter «Wetterschmöcker» der Nachkriegszeit hiess Zacharias Föhn – «z'Föhna Zächl». Der uhrenlose Einsiedler trug mit dem Illgauer Anton Melchior Bürgler einen persönlichen Wettstreit aus. Jeweils am Ende einer Jahreszeit behaupteten beide, das stattgefundene Wetter genau so vorhergesehen zu haben. An den exakten Wortlaut ihrer Prognosen mochten sie sich jedoch nicht mehr allzu genau erinnern. Im Sommer vor 63 Jahren sassen Zacharias Föhn und Anton Melchior Bürgler nach einer Beerdigung mit weiteren Bauern im Adler zusammen. Wie so oft, wenn es gegen den Morgen ging, wurden die Wetterkapriolen der letzten Tage verhandelt. Und wieder einmal konnte nicht abschliessend ermittelt werden, wer diese am Treffendsten vorausgesagt hatte. So soll «z'Föhna Zächl» aufgestanden sein, er soll mit der flachen Hand auf den Tisch geschlagen und zur fröhlichen Runde gesagt haben: «Ab jetzt wird alles aufgeschrieben und die Zettel werden ausgetauscht. So verschaffen wir uns Klarheit, wer der Beste ist.» Die Innerschweizer Wetterpropheten, im Volksmund «Muotataler Wätterfrösch»,

waren aus der Taufe gehoben. Zacharias Föhn verunglückte im selben Jahr auf den Nachhauseweg. Trotzdem war wohl kaum eine Figur so prägend für die Entwicklung des meteorologischen Vereins. Der Einzelgänger war weit herum bekannt für seinen ausgiebigen Schalk und schwarzen Humor. Es kam vor, dass er mit der Sense Heu mähen ging, obwohl er um das bevorstehende schlechte Wetter wusste. Und nichts freute ihn mehr, als wenn es ihm jemand gleichtat und deshalb «in den Dreck mähte». Die Vereinsstatuten deuten Föhns starken Einfluss auf die Gründungsversammlung an: Prophezeiungen seien mit Sachlichkeit und Humor anzugehen, steht da mit ungelenker Handschrift – und zwar zu gleichen Teilen. «Heute ist das unser Erfolgsrezept», sagt Walter Laimbacher lachend. «In ernsten Zeiten wollen die Leute unterhalten werden.»
Seit 2008 ist Laimbacher ein Ehrenmitglied des meteorolgischen Vereins. Der Exkassier hat schon den Anfang mit nur 87 Mitgliedern erlebt. Nach dem 50-jährigen Jubiläum 1997, als man sich zu noch mehr Klamauk und Folklore bekannte, explodierte die Mitgliederzahl. In den vergangenen zwölf Jahren ist sie von 450 auf bald 3000 angewachsen. Die sechs amtierenden Wetterpropheten werden von der Öffentlichkeit als urchige Originale wahrgenommen; die mit ihrem Witz beinahe mehr zu überzeugen wissen als mit ihrer Fachkenntnis.

«Wenn die Kühe oder Kälber bei schönem Wetter husten, schneit es zwei bis drei Tage später.» O.B., Landwirt, Muotathal, in einer Umfrage von 1972

Verschweigen will es niemand: Die rund 700 (!) Teilnehmer der halbjährlichen Zusammenkunft, an denen die Prophezeiungen für die nächsten sechs Monate vorgestellt werden, wollen sich auf den Schenkel klopfen können. Beste Unterhaltung geniessen. Für sie spielt es eine untergeordnete Rolle, wer den Titel des Wetterkönigs einsackt und damit den hölzernen Wanderpokal, ein Fünffrankenstück in einem roten Taschentuch sowie den Tanz mit einer Frau gewinnt. Mit dieser Situation bekundet auch niemand Mühe. Oder kaum jemand: Expräsident Peter Suter setzt sich seit Jahren für mehr

Sachlichkeit ein. Aufgrund dieser Differenzen musste er 2004 nach zehn Jahren auch zurücktreten. Aber er ist ein viel zu ernsthafter Mensch, als dass er die Unterhaltung – oder gar den Klamauk – über eine gutrecherchierte Prognose stellen könnte. Schon als Junge stieg Peter Suter nach dem sonntäglichen Kirchgang noch in die Höhe, um seinen Forschungsobjekten näher zu sein: den Blumen, den Tieren, dem Wasser, dem Fels. Der Vater sagte jeweils: «Wenn du unter der Woche richtig gearbeitet hättest, dann würdest du jetzt gar nicht mehr laufen mögen.» Aber Peter hatte richtig gearbeitet. Bloss war der Drang stärker als die Müdigkeit. Auch mit 82 Jahren schont er die müden Knochen nicht. Seine von der harten Arbeit klobig gewordenen Hände umklammern fest zwei altertümliche Gehstöcke. Trotzdem noch trittsicher, legt er pro Woche mehrere hundert Höhenmeter zurück. Dabei betreibt Peter Suter nicht nur Wetterforschung, sondern auch Landschaftspflege. Er renaturiert Biotope, schneidet Zweige, um Ameisenhaufen vom Schatten zu befreien, und spannt Seile für die Sicherheit der vielen Wanderer.

«Teufels Winter – Teufels Sommer.» O. B, Landwirt aus Muotathal, in einer Umfrage von 1972

Es ist ein warmer Tag Ende September: Der Nebel konnte hinüber ins Tal schwappen. Nun will er nicht mehr gehen. Peter Suter muss seine Prognose für den kommenden Winter in zwei Wochen stellen. Beim Roggenloch, nahe der Pragel-Passhöhe, sucht er nach der Sonne und dem blauen Enzian. Die Blume spriesst heuer nicht, was auf einen eher späten Wintereinbruch hindeutet. Dafür erzählt die Natur alle paar Meter eine neue Geschichte. Ob er auf die Blattlage des Pestwurz schaut, die Knospengrösse der Alpenrosen oder die Geschäftigkeit von Libellen und Ameisen – Suter weiss die Zeichen der Natur noch zu deuten. Was er genau erkennt, mag er nicht preisgeben. Prophetengeheimnis. «Am meisten», erklärt er später in der Alphütte Oberes Roggenloch, «sagen mir aber meine

Déjà-vus.» Gedankenverloren schaut er dabei in den Abwärtsstrudel seines Kaffee-Träsch, der durch fachgerechtes dreiminütiges Rühren entstanden ist. Er erinnert sich gerade an die Jugend, als er die Milch von der Alp auf dem Stoos ins Tal hinunterbrachte. Die Natur spielte ihre gewaltigen Spielchen. Klein Peter sog auf, was er konnte. Diese Stimmungen haben sich in sein Gedächtnis eingebrannt. Und dieses Gespür für die Natur hat wohl schon mehrere Leben gerettet. Mit einer Gruppe von Kameraden begab sich Peter Suter vor Jahren auf eine Ski-Tour. Der Himmel präsentierte sich in strahlendem Blau. Trotzdem: «Etwas fühlte sich falsch an, vielleicht das Licht.» Aus Angst vor einem totalen Wetterumsturz bat er den Bergführer zur Umkehr. Dieser schüttelte nur den Kopf. Aber wer bezahlt, befiehlt schliesslich auch. Zwei Stunden später herrschte ein so scheussliches Gewitter, dass der Platz auf dem Gipfel lebensgefährlich gewesen wäre.
Wie in diesem Beispiel helfen dem dienstältesten Wetterpropheten seine Kenntnisse selbst heute – in Zeiten der viertelstündlichen Wetterberichte im Radio – noch täglich. Seine fünf Söhne interessieren sich nicht für das «Wätterschmöcke». Sie sehen keinen Nutzen darin. Wären sie Bauern, so wie ihr Vater früher, könnten sie es sich auch weiterhin nicht leisten, die Zeichen der Natur zu ignorieren. Auch wenn es sich bei vielem, was die Wetterpropheten tun, um Folklore handelt – ganz ignorieren lässt sich ihr Wissen nicht. Den Landwirten der Region scheint es heute noch sicherer, mehr auf die eigenen Prognosen zu vertrauen als jenen der «bezahlten Laien» im Wetterturm von Zürich. Anlass zum Diskutieren gibt das Wetter sowieso, egal wer von beiden recht behält.

«Im April soll es nochmals bis in die Niederungen schneien, sonst gibt es wenig Futter im Sommer.» A.G., Landwirt, Muotathal, in einer Umfrage von 1972

(Lukas Walde)

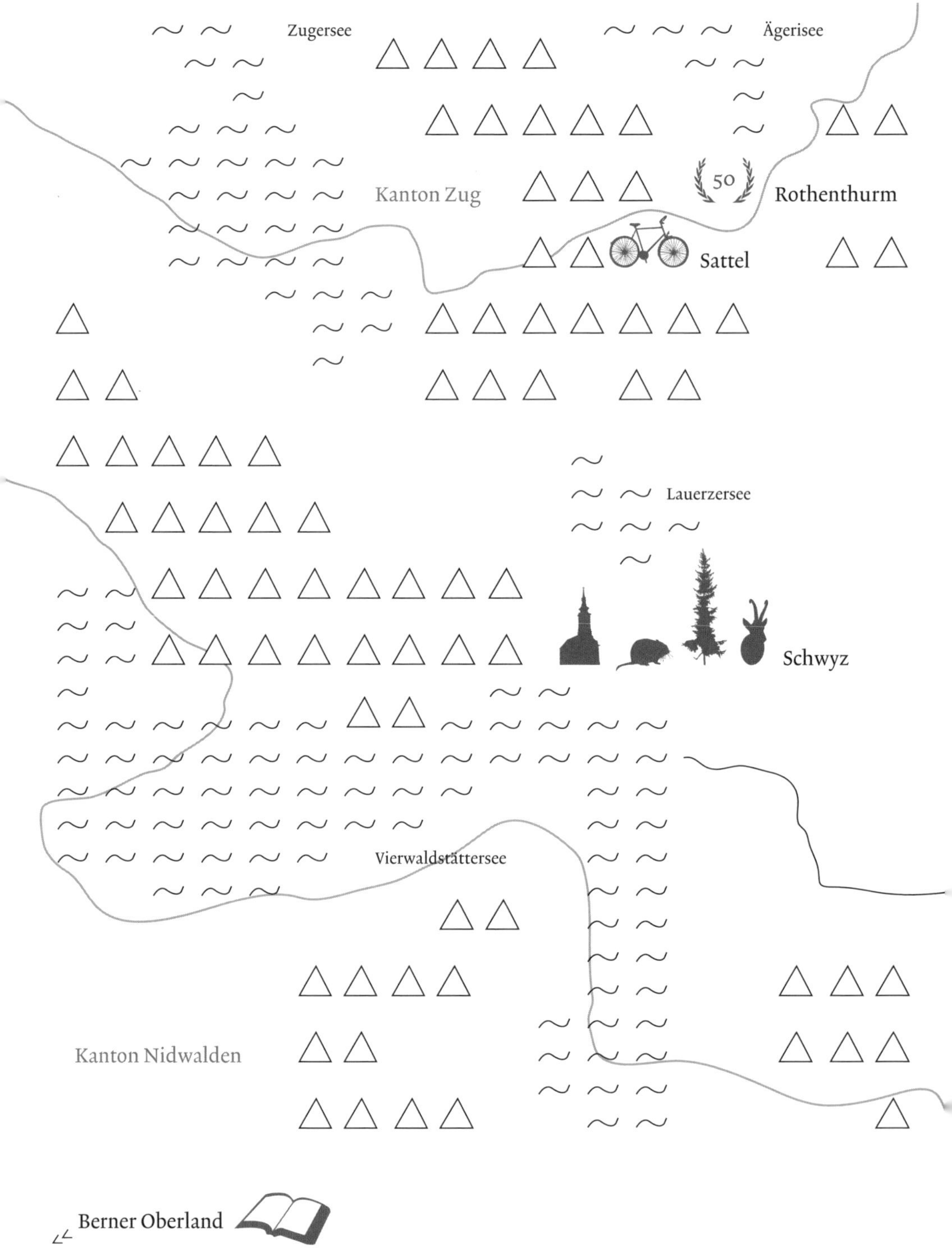
Zugersee
Ägerisee
Kanton Zug
50
Rothenthurm
Sattel
Lauerzersee
Schwyz
Vierwaldstättersee
Kanton Nidwalden
Berner Oberland

Einsiedeln
Kanton Schwyz
Sihlsee
Wägitalersee
Unteriberg
Oberiberg
Kanton Glarus
Illgau
Ried
Muotathal
Muota
Bisisthal
Berg
See
Fluss
Kantonsgrenze
0 1 2 3 4 5 km

Muotathal

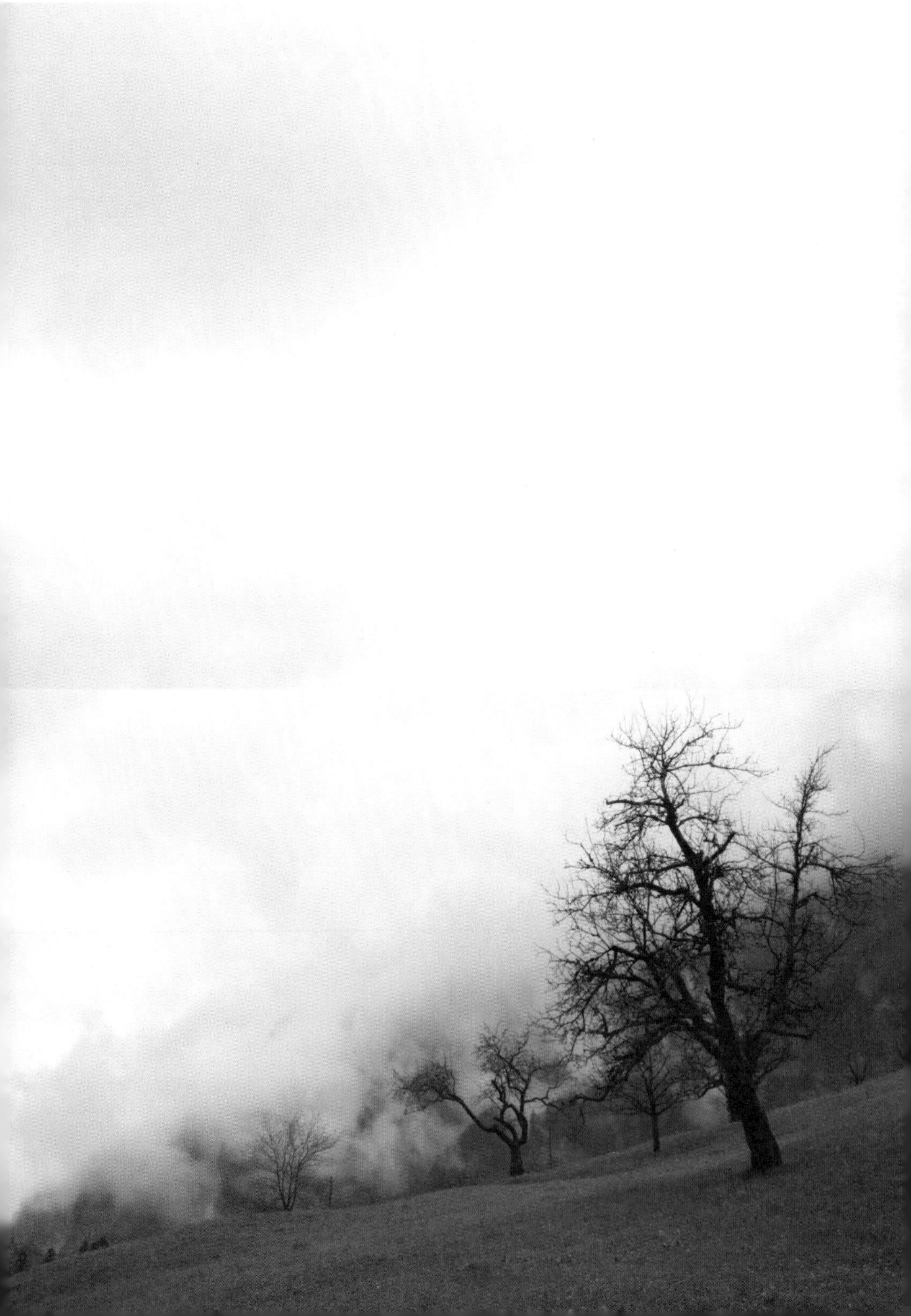

Muotatal

Muotathal

Muotatal

Muotatal

Muotatal

Muotatal

Wetterpropheten

Zweimal habe ich die Wetterpropheten im Muotatal besucht.
Dort gaben sie mir auf fachmännische und
humorvolle Weise Einblick in die Kunst des Wetterprophezeiens.

Sandstrahler Peter Suter

Peter Suter ist mit 82 Jahren der älteste Wetterprophet
19 S. 24
und lebt mit seiner Familie in Ried[19] bei Muotathal. Der pensionierte Sandstrahler ist so oft wie möglich in den Bergen. Dort macht er Naturbeobachtungen, die er in seine Prognosen einfliessen lässt. Sein umfangreiches Wissen ist in den Bergen, wo das Wetter sich schlagartig ändern kann, von grosser Bedeutung. Peter achtet auf alle Zeichen der Natur, speziell auf die Winde und die Pflanzen.

Warum bist du Wetterprophet geworden? Wir haben als Kind schon auf die Wetterzeichen schauen müssen. Früher hatten wir ja kein Radio, kein Telefon, überhaupt nichts. Wir waren auf der Alp. Unsere Familie teilte sich auf, die eine Hälfte musste oben bleiben, die andere im Tal heuen. Wenn wir vom Berg abstiegen, haben wir
20 S. 46
immer auf die Waldameisen[20] geachtet. Waren sie geschäftig, so war das ein gutes Zeichen. Wenn sie nicht arbeiten, sondern nervös herumlaufen, gibt es abends meistens Regen. Oder ein Specht, wenn der vormittags ruft und seine Tonlage ständig wechselt, dann kann man sicher davon ausgehen, dass es am Abend regnet. Im Februar
21 S. 48
und März schaut man auf die Katzen[21], achtet darauf, ob sie in der Sonne liegen oder nicht. Man sieht es lieber, wenn sie nicht an der Sonne sind, denn dann werden sie im April und Mai im Haus oder im Stall sein. Das heisst, es wird dann wieder kälter. Im Sommer
22 S. 50
kann man im Wald das Wachstum der Tannen[22] beobachten. Wenn die Oberspitze der kleinen, 1,5 bis zehn Meter hohen Bäume im Laufe des Tages krumm wird, gibt es abends Regen. Im Frühling geht das natürlich noch nicht, weil die Spitze vielleicht vom Schnee krumm geworden ist. Aber wenn sich Mitte Juni die Spitzen fast rechtwinklig neigen, wird es Sturm oder Gewitter geben.

Von wem hast du das gelernt? Vom Vater und von der Mutter.

Wie erstellst du deine Prognosen? Bei den Langzeitprognosen für den Winter beobachte ich, was in den Bergen vor sich geht. In einer Höhe von 1400 - 3000 Metern schaue ich auf die Pflanzen, auf den gelben Enzian, auf die Alpenrosen[23] oder auf den Wald. Im Herbst stirbt der Enzian ab. Kommt der frische Trieb schon im Herbst, ist das nicht gut, er sollte erst im Frühling spriessen. Denn das weist darauf hin, dass der Frühling spät dran sein wird. Bei den Alpenrosen ist es genauso, wenn sie im Herbst noch mal blühen ist das auch nicht gut. Oder das Laub an den Bäumen: Geht es zuoberst weg und unten nicht, ist auch das ein Zeichen dafür, dass der Frühling auf sich warten lässt. Bricht man von einer Tanne oder Buche einen Ast ab, kann dieser in dem einen Jahr trocken sein, in einem anderen vielleicht nass. Ist er trocken, gibt es einen kälteren Winter, ist er nass, wird der Winter mild. Das sind Anzeichen, auf die früher auch die Alten geachtet haben. Die Langzeitprognose für den Sommer ist ein bisschen schwieriger. Im Winter sieht man weniger. Ich achte besonders auf den Schnee. Die Winde, die im Winter und bis Mitte des Sommers vorherrschen, regieren den ganzen Sommer. Das sieht man im Frühling oben am Schnee, man kann erkennen, welcher Wind «gelaufen» ist. Es gibt die Schneewechten, die bilden sich immer entgegengesetzt zum Wind. Am Schnee sieht man, welcher Wind stärker gewesen ist und häufiger vorkam.

[23] S. 52

WIE WÜRDEST DU DICH SELBST BEURTEILEN? 100 Prozent richtig liege ich nicht, aber Meteo schafft auch keine 100 Prozent. Es ist im letzten Herbst zweimal passiert, dass der Wetterbericht falsch war. Sie sagten schlechtes Wetter vorher, und dann gab es wunderschöne Tage.

VERFOLGST DU DEN WETTERBERICHT IM RADIO ODER FERNSEHER? Ja schon, ich verfolge auch das. Ich schaue abends Fernsehen, und sehe mir an, was das Wetter bringt. Ich bin viel in den Bergen, dort kann ich dann beobachten, ob die Zeichen mit der Vorhersage übereinstimmen oder nicht. Zum Beispiel kleine örtliche Gewitter: Davon hört man im Fernseher nichts Genaues. Sie sagen zwar schon, es wird «örtliche Gewitter» geben, aber wo, wissen sie meistens nicht.

Die Ameise verrichtet ihre Arbeit: Das Wetter wird gut.

Beobachtet man Ameisen an einem Sommertag, und sie gehen ihrer Arbeit nach, so ist das ein gutes Zeichen. Das Wetter bleibt stabil. Wenn sie nervös herumlaufen, gibt es wahrscheinlich Regen.

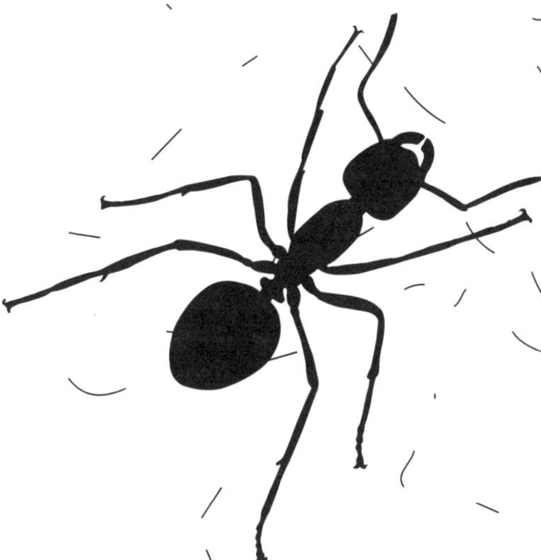

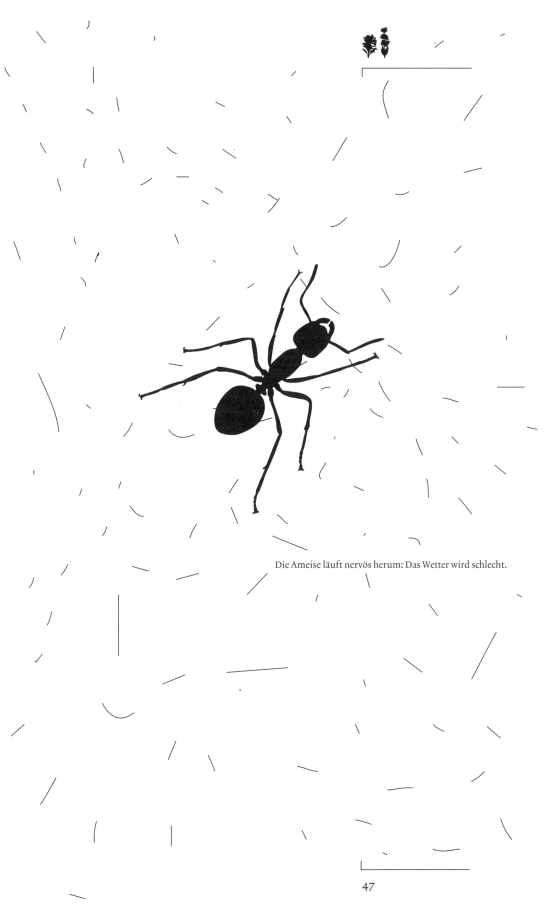

Die Ameise läuft nervös herum: Das Wetter wird schlecht.

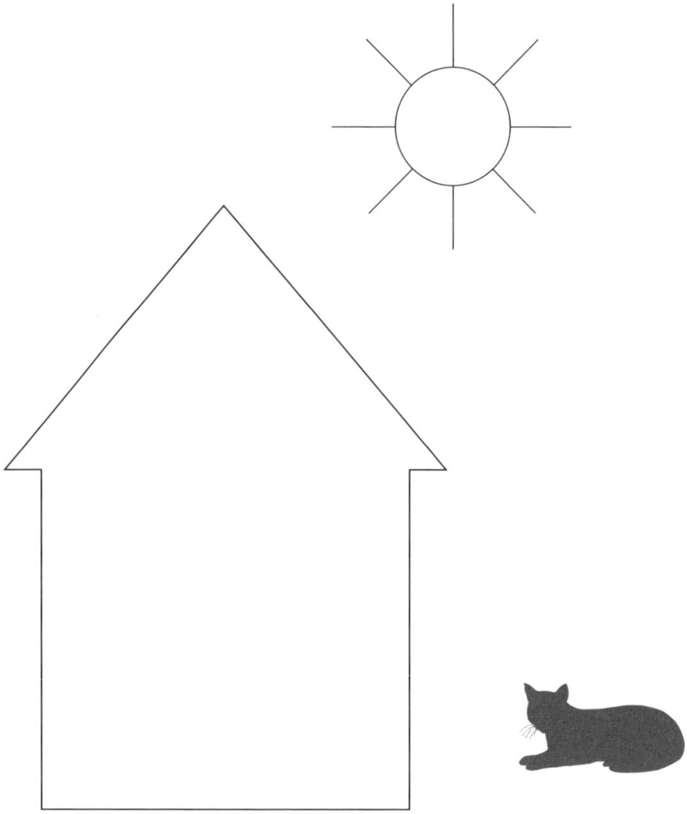

Februar

März

April

Mai

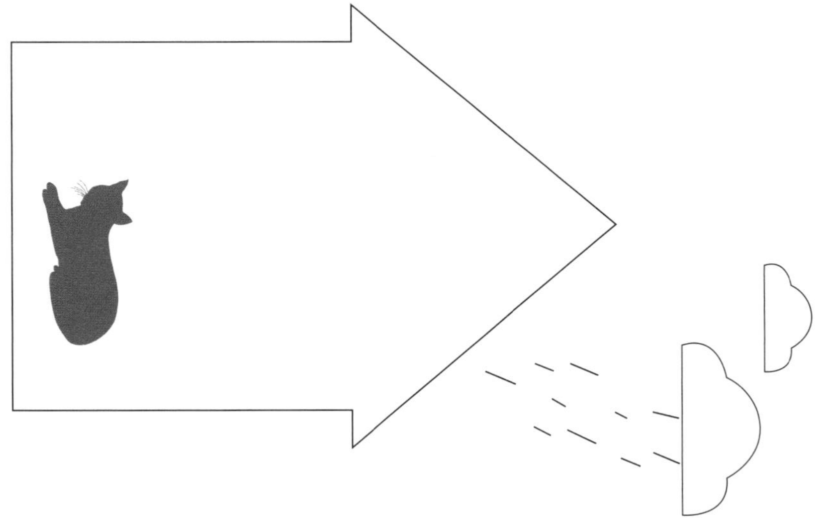

Im Februar und März achtet Peter auf die Katzen und schaut, ob sie draussen in der Sonne liegen oder nicht. Er sieht es nicht gerne, wenn sie draussen sind, denn das bedeutet, dass sie sich im April und Mai im Haus oder im Stall aufhalten werden: ein Zeichen dafür, dass es kälter wird.

Krümmt sich im Sommer die
Spitze der Tanne, gibt es
abends Regen. Biegt sie sich um
fast 90°, kommt ein Sturm.

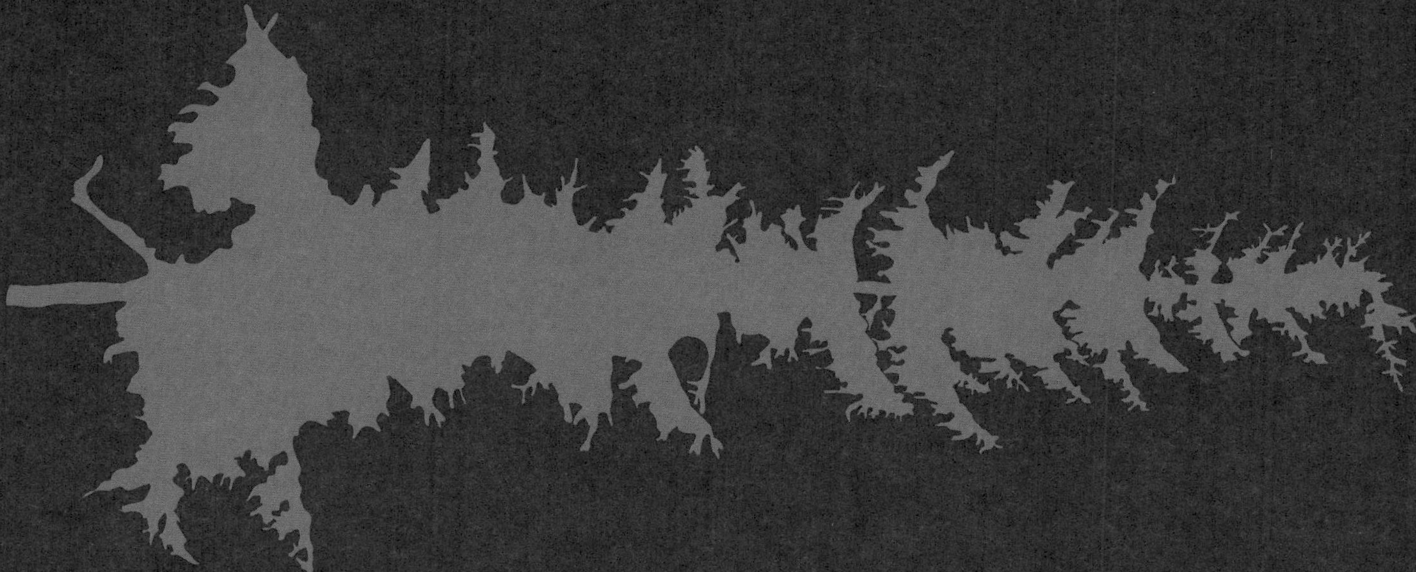

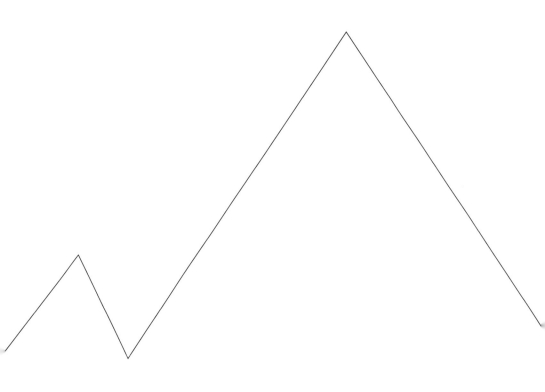

Prophet P. Suter

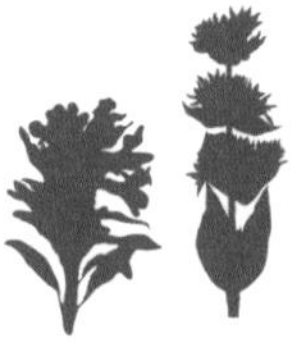

Januar

Februar

März

April

Mai

Juni

In einer Höhe von 1400 - 3000 Metern beobachtet Peter Suter das Wachstum des gelben Enzians und der Alpenrose. Im Frühling blühen diese beiden Pflanzen und im Herbst sterben sie ab. Falls aber schon im Herbst die frischen Knospen treiben, ist dies ein Zeichen dafür, dass der Frühling im nächsten Jahr später kommen wird.

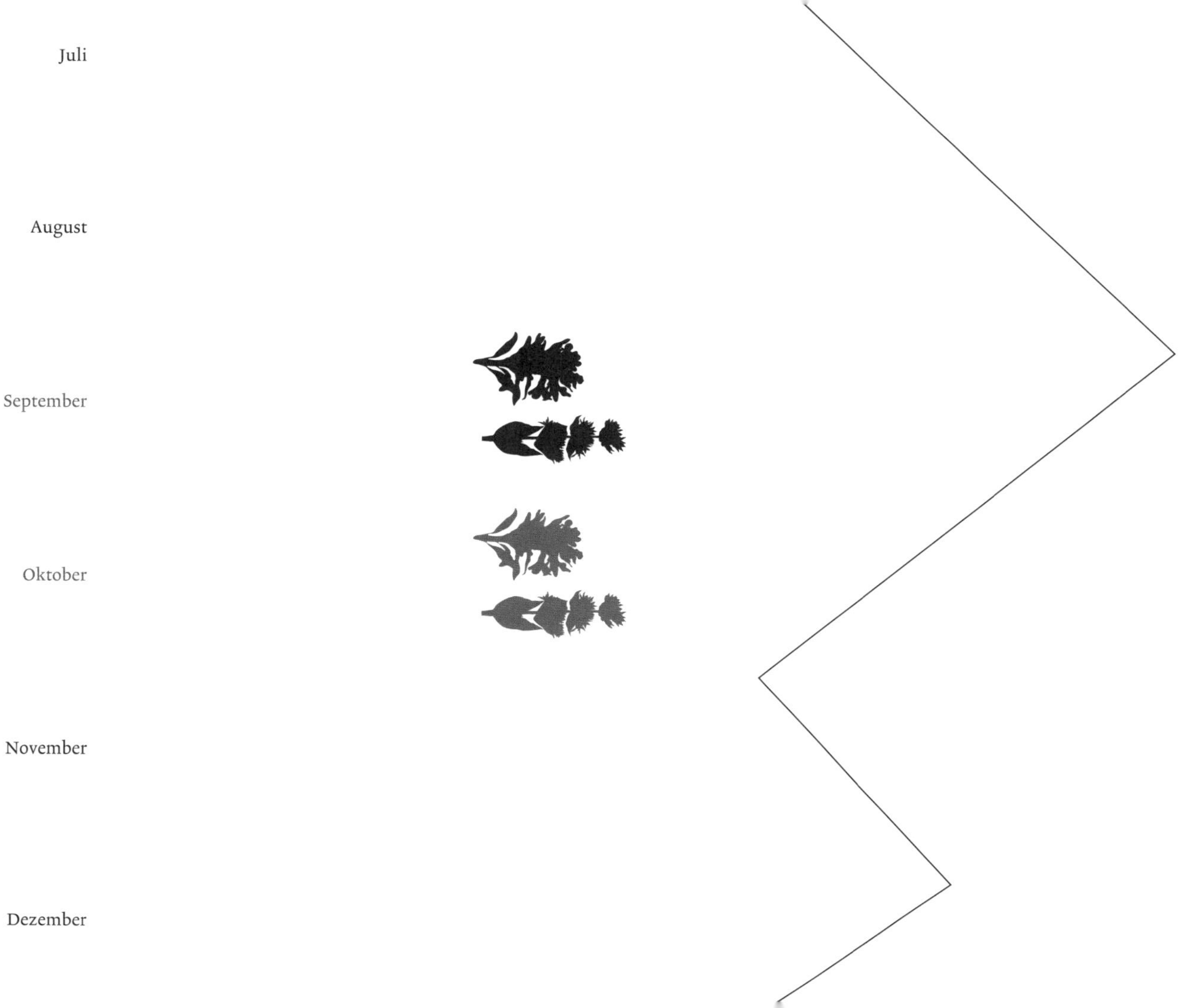

Was haben die Beobachtungen für eine Bedeutung für dich? Früher ist dieses Wissen lebensnotwendig gewesen. Und hoch in den Bergen hilft es mir immer noch täglich. Es heisst ja beispielsweise: Da kommt die Ruhe vor dem Sturm. Aber selbst in den Bergen achtet niemand mehr darauf! Deshalb haben wir immer so viele Bergunfälle. Im Winter lässt sich weniger darüber sagen, aber im Sommer, wenn kein Wölkchen am tiefblauen Himmel steht, gute Sicht herrscht und gar kein Lüftlein weht, dann wird es heikel! Es ist eine eigenartige Stimmung, bevor der Sturm kommt. Viele merken so was nicht, aber wir haben schon als Kinder darauf geachtet. Früher haben sie uns viel von Ungeheuern und Schreckgespenstern erzählt. Sie haben gesagt, wenn irgendwo am Waldrand eine eigenartige Stimmung herrscht, dann sei da ein Geist zuwege. Man musste für ihn beten. Ich habe erst später gewusst, dass das klimatisch bedingt ist!

Wie sieht ein normaler Tag für dich aus? Im Sommer fahre ich meistens auf den Berg, dann kann ich fünf bis sechs Stunden laufen, bis ich wieder unten bin. Im Winter geh ich viel mit den Fellen, das heisst, ich steige mit den Tourenski auf. Ich nehme seltener den Skilift, im Winter laufe ich lieber. Nach oben laufen, für zwei Stunden etwas trinken, dann wieder runter: Dann ist der Tag auch vorbei.

Könntest du dir vorstellen, woanders zu leben? Im Flachland zu leben, kann ich mir nicht vorstellen. Ich war 32-mal in Holland am 4-Tage-Marsch[24]. Ich habe angenommen, da sähe man weit, denn alles ist flach! Aber man sieht nichts, grad mal die nächsten Bäume, und das war's. Man sieht ja kaum, woher der Regen kommt! Hier kommt er hinter dem Berg runter, da weiss man einfach sicher, woher er kommt. Aber die Wetterzeichen waren genauso wie hier. Da gibt es keinen Unterschied. Wenn die Schwalben[25] tief fliegen oder morgens die Blumen nicht aufstehen wollen und die Köpfe hängen lassen, dann gibt es meistens zum Abend hin Regen.

[24] 4-Tage-Marsch: eine der grössten Walking-Veranstaltungen der Welt

[25] S. 56

WAS SAGEN DIE LEUTE AUS DER UMGEBUNG ÜBER DIE WETTERPROPHETEN? Vor 50 Jahren ist man lange, sagen wir, ausgelacht worden, aber jetzt nicht mehr. Jetzt stelle ich bei meinen Vorträgen immer zuerst die erste Frage von meinem Quiz. Meistens können sie die schon nicht lösen.

PETER SUTER HÄLT MANCHMAL VORTRÄGE. ER HAT EIN QUIZ ERSTELLT, BEI DEM SEIN PUBLIKUM LERNT, SPIELERISCH AUF DIE ZEICHEN DER NATUR ZU ACHTEN. DIESES QUIZ IST FAST IDENTISCH MIT DEN SPRÜCHEN[26] AUF DEN TAFELN DES FROSCH-WANDERWEGS IM MUOTATAL.

[26] S. 222

MACHST DU DIR NOTIZEN ÜBER DAS WETTER? Ja, ich habe alles aufgeschrieben. Jeden Abend schreibe ich das Wetter auf. Ich kann immer nachschlagen. Es ist wie ein Tagebuch.

WAS TREIBT DICH AN, WETTERPROPHET ZU SEIN? Mich hat das von Kindheit an beschäftigt. Wenn wir von der Alp runterkamen, fragte der Vater, was machen die Waldameisen, wie pfeifen die Vögel, was macht das Gras? Auf all diese Zeichen mussten wir achten. Und ich gehe ja viel auf die Berge. Ich will wissen, woher das Gewitter kommt. Aber man muss einfach nur schauen und hören. Wenn man die Bauernregeln gut kennt, kommt man besser draus, auch wenn viele sich nur auf die Pflanzzeit und Ernte beziehen.

WAS SAGST DU ZUM KLIMAWANDEL? Das stimmt schon, die Gletscher gehen zurück, die Waldbrände nehmen zu, und es gibt weniger Schnee.

GLAUBST DU, DER MENSCH HAT EINFLUSS AUF DEN KLIMAWANDEL? Nein. Mir ist das alles zu aufgebauscht. Es geht bei der Sache nur ums Geld.

GIBST DU JEMANDEM DEIN WISSEN WEITER? Zusammen mit der Erlebniswelt Muotathal mache ich gerade ein Büchlein. Ich will das Buch veröffentlichen, damit das Wissen über die Zeichen nicht verlorengeht.

Schwalben als ausgezeichnete Insektenjäger erhaschen ihre Beute im Flug. In welcher Höhe die Vögel fliegen hängt davon ab, in welcher Luftschicht sich die Insekten befinden. Bei sonnigem Wetter schwirren Fliegen, Mücken und Libellen hoch über dem Boden, denn die Luft hat sich im Laufe des Vormittags erwärmt, ist aufgestiegen und hat die Leichtgewichte mit in die Höhe gerissen. Kündigt frischer Wind jedoch ein heranziehendes Schlechtwettergebiet an, bleibt die Luft kühl. Die Insekten bleiben in Bodennähe und die Schwalben somit auch. Hier kann man zu Recht davon ausgehen, dass der nächste Tag Wolken und Regen bringen wird. *(Quelle: Geolino Extra, Nr. 13)*

50

Wettermissionar Martin Horat

Martin Horat ist Sensenhändler und Zahnarzt für die Kühe. Er feilt ihnen die Spitzzähne und zieht sie auch schon mal, wenn es nötig ist. Der in Schwyz geborene Martin lebt mit seiner Frau Ella in Rothenthurm[27]. Im Sommer geht er für einige Monate auf die Alp. Der 66-jährige ist seit 23 Jahren Wetterprophet mit einer hohen Trefferquote in seinen Prognosen. Er wurde schon zehnmal Wetterkönig. Rund hundert Vorträge im Jahr sind für den «Wettermissionar», wie er sich selbst nennt, auch kein Problem, «Hauptsache, man bringt es mit Humor!»

[27] S. 24

Wie kam es dazu, dass du Wetterprophet wurdest? 1987 war ich mit einem Ehepaar aus Rothenthurm an einer Versammlung der Wetterpropheten. Zu den beiden habe ich gesagt, dass ich auch ein Prophet werden möchte. Daraufhin haben sie mich beim damaligen Präsidenten Xaver Suter angemeldet. Dieser hat mich kurze Zeit später angerufen und angefragt, ob ich mitmachen wolle. Ich habe ihm spontan zugesagt.
Wir sind ein humoristischer Verein. Wir können das Wetter gar nicht richtig bestimmen, deswegen müssen wir es scherzhaft bringen. Sicher, man muss sich interessieren für das Wetter, sonst kann man nicht Wetterprophet sein. Von den sechs sind alle etwa gleich gut. Einmal ist der besser, das nächste Mal ein anderer.
Hattest du schon immer Interesse am Wetter? Ja, schon in frühen Jahren. Aber ein Junge kann das Wetter nicht prophezeien, man braucht dafür viele Jahre Erfahrung. Mit 23 Jahren hätte ich die Fähigkeit nicht gehabt.
Woher hast du das Wissen über die Zeichen der Natur? Ich lese oft die alten Schriften im Kloster Einsiedeln[28]. Und ich habe die Zeichen in den letzten fünfzig Jahren anhand vieler Beobachtungen

[28] S. 104

selbst studiert. Aber das Hauptgeheimnis darf ich nicht bekanntgeben, es bleibt ein Geheimnis. Ich rede nur im Raum herum. Man muss zumindest fünzigjährige Erfahrung haben. Man muss wissen, wie das Wetter in den letzten fünfzig Jahren[29] gewesen ist. Was es gegeben hat, gibt es immer wieder. Und weil der Februar schön ist, gibt es einen schönen Sommer!

[29] S. 62

NACH WELCHEN KRITERIEN ERSTELLST DU DEINE PROGNOSEN? WIE LÄSST DU DAS WETTER DER LETZTEN FÜNFZIG JAHRE EINFLIESSEN? WIEDERHOLT SICH DAS WETTER? Viele Leute glauben an den Siebenjahresrhythmus, aber den gibt es nicht. Wir bräuchten keine Wetterpropheten, wenn sich das Wetter alle sieben Jahre wiederholen würde. Wetterprophezeien ist auch eine Gefühlssache. Ein halbes Jahr vorauszusehen ist nicht einfach. Die Meteorologen brauchen nur fünf Tage vorauszuschauen, das ist ein grosser Unterschied. Die Meteorologen in Deutschland und Zürich machen es nach den neuesten Methoden, und wir machen es nach den ältesten. Das unterscheidet uns voneinander.

ACHTEST DU AUF DEN WETTERBERICHT? Ja, die vergleiche ich schon. Wir haben am meisten Plausch, wenn die fünftägigen Prognosen nicht zutreffen.

WIE OFT GEHST DU RAUS, UM BEOBACHTUNGEN DURCHZUFÜHREN? Ich selber beschäftige mich nicht sehr oft mit dem Wetter. Erst im letzten Monat vor der Versammlung, also im April[30], wieder.

[30] Mit April ist der letzte Monat gemeint, bevor die Wetterpropheten ihre Prognose für den Sommer abgeben.

AM NÄCHSTEN TAG IST MARTIN DOCH MIT MIR UND EINEM SCHWEIZER FERNSEHTEAM IN DIE NATUR GEGANGEN, UM EINIGE UNTERSUCHUNGEN FÜR SEINE BEVORSTEHENDE PROGNOSE ZU MACHEN. AUSSERDEM TRAF ER DEN BAUERN ROMAN, DER GERNE ETWAS VOM WEISEN PROPHETEN LERNEN WOLLTE. AN DIESEM TAG SPRACH MARTIN IN SEINEM DIALEKT.

1957
sehr früher Frühling, Mitte April Wintereinbruch, kalt. Ende Juni, Anfang Juli 11 sehr heisse Tage, dann 3 Wochen Regen. Schöner Herbst, im Okt. Schnee.

1958
milder Winter, sonniger Sommer mit genügend Niederschlag.

1959
früher Frühling und anhaltend schönes trockenes Sommerwetter bis Ende Sept.

1960
mildes Frühjahr, aber kühler Regensommer mit schweren Sturmschäden.

1961
regnerischer Vorsommer und ein besonders schöner Hochsommer und Herbst. Der wärmste Sept. seit über 200 Jahren.

1962
schlechter Vorsommer. Am 1. Juni Schneefall bis zum See, ca. 30cm. Ende Juli beständiges schönes Wetter. Wintereinbruch am 11. Nov. Beständiger Schneefall und ein kalter Winter.

1963
der Zürichsee ist zugefroren, vom 24. Jan. bis 27. März.

1968
schneereicher Winter bis Ende März, eigenwilliger Frühling, nach Mitte April eine Hitzeperiode bis zu 30°, nasser unbeständiger Vorsommer und Hochsommer, zum Teil guter Herbst, im Sept. nass, aber mild, im Okt. viel Nebel mit Neigung zu gutem Wetter, der Vorwinter neblig, sonst schön, der Winter kommt am 20. Dez. mit viel Schnee.

1969
kalter Vorsommer bis Anfang Juli, danach eine seltene und schöne beständige Witterung bis Anfang November; erneut ein schweres Hageljahr.

1970
strenger später Frühling. Unsicherer Sommer, prächtiger Herbst; drittes schweres Hageljahr innerhalb von vier Jahren.

1971
Ende Febr. wird es recht kalt bis Mitte März. Herrlicher Sommer. Am 2. November ist es 19° warm, am 3. November sogar 23,5° warm im Schatten, was seit 1899 nicht mehr vorkam.

1972
milder schneearmer Winter; Regensommer mit viel Lagerfrucht und Auswuchsschäden.

1978
Winter anfänglich mild, danach Schnee, ein unbeständiger nasser Frühling. Insgesamt eher kühle Witterung bis in den Juli hinein, dann anhaltende Schönwetterperiode bis in den Herbst, Überschwemmungen im Thurtal und im Tessin.

1979
schönstes Sommerwetter von Anfang Mai bis Mitte August; gutes landwirtschaftliches Jahr.

1980
schlechter Frühling, nasser Sommer. Beginn der Mäuseplage, schöner Herbst mit Föhn, schneereicher Winter.

1981
kalter Winter mit viel Schnee, schöner früher Frühling. Ende April bitterkalt und viel Schnee, ab Mai wieder wärmer. Wechselhafter Sommer und nasser Herbst.

1982
milder Winter, winterlicher und später Frühling, . ein trockener heisser Vorsommer, der Sommer im Juli schön und heiss, im Aug. nass, der Herbst recht gut. Der Winter gezeichnet durch Herbstwetter, abgesehen von einem gewaltigem Sturm zwischen Süd- und Westwind. Im Dezember Schnee.

1986
unbeständiger Winter, unbeständiger, schlechter, später Frühling, guter Vorsommer, Hochsommer heiss u. trocken. Aug. schweres Hagelwetter. Schöner Herbst. Winter: Schnee, kühl, dann schönes warmes Wetter und Bodennebel. Dez. Regen, Sturm, viel Schnee, weisse Weihnachten.

1987
beständiger Winter, zum Teil sehr kalt. Frühling: schlecht im März, schön Ende April, nasser Vorsommer und Hochsommer, guter Herbst, schöner Vorwinter mit viel Nebel, Anfang Dez. Schnee, Ende Dez. milder u. Regen.

1988
milder Winter, winterlicher Frühling. Guter Vorsommer, Hochsommer u. Herbst. Vorwinter gut, dann Schnee, Kälte u. Regen. Grüne Weihnachten.

1989
sehr milder warmer Winter, früher Frühling, wechselhafter Sommer bis in den Spätherbst.

1993
Winter veränderlich: Schnee (-10°) und Regen. Frühling erst warm, dann winterlich. Vorsommer, der Mai mit Heuwetter, der Juni schlecht. Der Sommer niederschlagsreich, der Herbst schlecht. Vorwinter erst Dauerregen, dann Nebel und trockene Kälte.

1994
Winter zu warm, im Jan. bereits Schneeglöckchen. Frühling: März mild, April kalt. Vorsommer nass mit wenig Sonne. Der Hochsommer schön mit gelegentlichen Niederschlägen. Herbst unbeständig, dann eher schön. Der Vorwinter geprägt von Bodennebel. Weisse Weihnachten.

1995
Winter am Anfang mit Schnee, folgend Sturm mit Schäden. Der Frühling schlecht. Der Vorsommer kalt im Mai und Hochwasser im Juni. Der Hochsommer erst schön heiss, Aug. unbeständig mit starkem Sturm und Schnee ab 1400m. Der Herbst gegen Ende schön und mild. Winter: Nov. erst mit Blitz und Donner, gegen Ende mild und trocken, Dez. erst schön, dann starker Regen.

1999
strenger Winter, gewaltiger Schneefall und Kälte. Schwere Regengüsse um den 8. Mai, starke Überschwemmungen und ein gewaltiger Sturm (Lothar) am 26. Dezember.

2000
Winter: Jan. veränderlich mit Nebel, milder Febr. Frühling: März unbeständig, April veränderlich. Vorsommer: Mai eher trocken, Juni schön mit 22 Sonnentagen. Hochsommer: wechselhafter Juli, Aug. anfänglich schön und heiss, Mitte Regen, Ende viel Sonne. Herbst viel Sonne, genügend Regen. Okt. starke Niederschläge mit Schlammlawinen. Winter: mild und veränderlich.

2001
milder Winter, der Frühling erst nass, gegen Ende Schnee, Regen, winterliche Temp. Vorsommer: Mai sonnig mit genügend Regen, Juni niederschlagsreich. Hochsommer hauptsächlich heiss und sonnig. Herbst: Sept. regnerisch und kalt, Okt. an 25 Tagen Sonne. Winter: Nov. wechselhaft, Dez. erst mild, gegen Ende kälter und viel Schnee.

2004
Winter: Januar sehr gute Schneeverhältnisse, Febr. wechselhaft. Frühling: März anfangs kalt, Mitte mild, Ende kalt und hoher Schnee. Vorsommer: Mai kühl und sonnig, der Juni wechselhaft, aber warm. Hochsommer u. Herbst eher wechselhaft. Vorwinter: November wechselhaft, Dezember Nebel, Schnee, Regen und Sonne wechseln sich ab, gegen Ende kalt u. schön.

2005
Winter eher kalt mit viel Schnee. Frühling: März wechselhaft mit Temp. von -15° bis 19°, April hauptsächlich grau und regnerisch mit Schnee. Vorsommer: Mai geprägt von wechselhaftem Wetter, gegen Ende warm und sonnig, Juni kühl, wenig Sonne, gegen Ende heiss und gewitterhaft. Der Hochsommer wird wechselhaft. Im Herbst wird der heisseste Sept. seit über 125 Jahren gemessen, Okt. schöner Herbstmonat.

1964
früher, nicht unbedingt schöner Frühling, sehr schöner Mai und ein sehr schöner Sommer bis Ende August. Schlechter Herbst und früher Winter.

1965
später Frühling, Mitte Mai schweres Gewitter, schlechter nasser Sommer, schöner Herbst, recht unbeständiger niederschlagsreicher Vorwinter.

1966
früher Frühling, kalter regnerischer Sommer, schöner Herbst. Der Vorwinter anfangs Nov. viel Schnee. Dez. viel Regen und Schnee.

1967
Winter: bis 20 Jan. sehr strenge, dann mild. Früher Frühling, der gegen Ende April einen Rückschlag erhält. Im Vorsommer regiert der kalte Wind: Anfang Mai Schnee, dann 14-tägige kalte Trockenheit und unbeständige kühle Witterung bis zum 21. Juni, dann sehr gutes Sommerwetter bis Ende Juli. Der Aug. ist unbeständig mit viel Gewitter. Der Herbst vorerst unbeständig, dann recht gut. Der Vorwinter unbeständig, mit einer Nebelphase im Nov. und einer strengen kalten Winterphase im Dez.

1973
ein schlechter später Frühling. Im Grossen und Ganzen ein schöner Sommer.

1974
kühles Wetter bis Ende Juli. Am 25. Sept. kommt schon der Winter mit Schnee bis in die Niederungen, sehr schlechter Herbst.

1975
Winter im Jan. mild, strenger Frühling, schöner Vor- und Hochsommer, ab 10. Aug. nur Regen, schlimmstes Hageljahr seit über 100 Jahren. Vorwinter schneearm und mild.

1976
schöner Winter, kühler Frühling, im April schneit es zweimal, guter Vorsommer. Das Jahr der Trockenheit! Erst ab 19. Juli setzen Niederschläge ein.

1977
so nass wie 1976 trocken! recht mittelmässiger Winter im Januar, Febr. öfter Föhn und zu warm. Frühling anfänglich mild, im April Schnee, ab Mitte Mai sonniger. Wechselhafter Sommer und Herbst. Der Vorwinter bringt Schnee und Kälte, im Dez. wird es wärmer, grüne Weihnachten!

1983
Winter mild, Anfang Februar viel Schnee. Der Frühling ziemlich gut, der Vorsommer nass. Der Hochsommer sehr trocken und heiss. recht guter Herbst. Der Winter durchwachsen mit Regen, Nebel Schnee und Sonne.

1984
ein schadenreiches Gewitterjahr für den Raum Innerschweiz. Normaler, eher milder Winter, kalter, später, aber trockener Frühling, der Sommer heiss mit schweren Gewittern. Der Herbst: Sept. nass, Oktober schön. Vorwinter: Herbstwetter, danach gemischt: Regen, Sonnenwetter und wenig Schnee.

1985
strenger Winter, bis -22°. Frühling erst wechselhaft, warm, dann starker Schneefall. Der Juni regnerisch, schöner Hochsommer. Der Herbst schön mit wenig Regen. Der Winter anfänglich regnerisch, dann Schnee. Im Dez. milder, gegen Ende Niederschläge und Kälte.

1990
ausserordentlich milder schneearmer Winter. Febr. bis 20° warm. Milder früher Frühling, nasser April. Vorsommer: recht guter Mai, nasser Juni. Hochsommer und Herbst ausserordentlich schön und heiss. Vorwinter stürmisch, dann Schnee und Kälte, gegen Ende wärmer und Regen.

1991
beständiger Winter mit viel Nebel. Frühling: März schön und mild, dann kalt und unfreundlich bis in den Vorsommer. Ein heisser trockener Sommer und Herbst. Vorwinter Nov. mild, Dez. beständig, abgesehen von gewaltigen Niederschlägen u. Überschwemmungen am 18./20. Dezember.

1992
Winter neblig und kühl, sonst schön. In Jan. und Febr. viel Schnee. Früher Frühling im März, April sehr winterlich. Vorwinter: Mai schön und trocken, Juni wechselhaft. Trockener und heisser Hochsommer mit starkem Hagelgewitter am 21. August. Mittelmässiger Herbst und Winter.

1996
Winter: Jan. wenig Niederschlag, Febr. veränderlich. Frühling: kalter März, April erste Hälfte kalt, zweite Hälfte mild. Vorsommer: nebliger Mai, recht guter Juni. Der Sommer und Herbst sind kühl, nass, extrem neblig und gewitterhaft. Vorwinter: Dezember schneereich, neblig und regnerisch. Ein extremes Nebeljahr.

1997
milder Winter, früher Frühling, der Vorsommer unbeständig. Hochsommer nass, viele Gewitter. Schöner Herbst, Vorwinter anfangs schön und warm, gefolgt von Niederschlägen. Das Jahr geht mit schönem Osterwetter zu Ende.

1998
Winter mehrheitlich mild. Der Frühling zuerst mild, danach winterlich kalt und unbeständig. Der Vorsommer eher heiss mit wenig Niederschlag. Hochsommer hauptsächlich regnerisch mit nebligem Herbstwetter. Der Herbst bringt viel Regen und wenig schöne Tage. Der Vorwinter regnerisch, Schnee und Kälte und gegen Ende wärmere Temperaturen und Regen.

2002
Winter: Jan. anfangs kalt, aber schön, gegen Ende mild, Febr. insgesamt mild (der wärmste Febr. seit 200 Jahren). Frühling: März erst mild und frühlingshaft, danach kaltes, trockenes Wetter; April trocken, kalt und wechselhaft. Der Vorsommer: Mai nass und wechselhaft, Juni regnerisch und heiss. Hochsommer: Juli wechselhaft, Aug. erst regnerisch, dann sonnig, trocken, gegen Ende schön. Der Herbst ist eher nass. Vorwinter: Nov. nass, Dez. viel zu mild.

2003
Winter: Jan. erst nass, dann trocken u. kalt, gegen Ende mild u. Schnee, Februar schneereich. Frühling: März sehr trocken, der April wechselhaft: erst winterlich, dann sonnig trocken. Vorsommer: Mai wechselhaft, Juni der heisseste Monat seit den Wetteraufzeichnungen. Der Hochsommer heiss und sonnig mit Gewittern. Der Herbst: Sept. zu trocken, Okt. wechselhaft mit Sonne, Schnee und Sturm. Vorwinter: milder Nov., niederschlagsarm mit viel Nebel, Dez. stürmisch mit wenig Schnee.

2006
Winter sonnig und kalt mit gelegentlichem Schnee. Frühling schneereich, eher winterlich. Ende April wird es milder. Vorsommer: regnerisch und kalt. Der 10. Juni ist der erste warme Tag, gegen Ende heiss mit Gewittern. Hochsommer: der Juli sehr heiss, der August eher regnerisch und kalt. Der Herbst sommerlich mild. Vorwinter: der mildeste November seit der offiziellen Wettermessung.

2007
milder Winter, Ende Febr. mildes Frühlingswetter. Frühling wechselhaft: April sehr warm (der wärmste seit dem Beginn der Wettermessung). Der Vorsommer ist wechselhaft, der Hochsommer regnerisch und der Vorwinter sonnig schön.

(Quelle: Chronik vom Urschweizer Wetter von Walter Laimbacher)

Martin will Roman, seinem Lehrling, zeigen, wie man an-
[31] S. 66 hand von Schnee den Winter deuten kann[31].

Ich han scho lang gsait, das isch halt e Wüsseschaft für sich, e Wät-
Ich habe schon immer gesagt, Wetterprophet zu sein sei eine Wis-
terprophet z'si, das cha nid jede mache, e normale Mänsch cha das
senschaft für sich. Das kann nicht jeder normale Mensch machen.
nid. Ich will dir jetzt einisch zeige, was eigentlich e sicheri Methode
Ich werde dir jetzt eine sichere Methode für die Prognose zeigen.
isch. Jetz ghörider nüt nach de neuste Methode, Wätter voruussäge,
Das ist keine neue Methode, sondern eine der ältesten.
mer händ nach de Ältschte. Das isch halt e Wüsseschaft für sich da, i
Man muss sich schon auskennen, um die richtige Stelle zu finden,
dem Schnee usse, das Loch usezhuble. Da muess mä scho öpis känne,
an der man in den Schnee hineinschaufelt.
da muess mä e richtige Hellseher si. Oder, du häsch jetzt nid viel
Du hast dabei nicht viel erkannt, oder? Es sind ganz feine Kristall-
gseh im Schnee inne? So fini Glaselement, das hät jetzt für dich nüt
strukturen, um sie zu erkennen, muss man ein richtiger Hellseher
adüted, und da muess mä e richtige Hellseher si. Und das au känne,
sein. Jahrelang hat man Witze darüber gemacht. Mir selbst ist es
mä hät dänn sit Jahre de Witz gmacht. Es isch mer au scho nid grate,
auch nicht immer geglückt. Ich habe aber gemerkt, wenn ich an der
aber dänn han ich gseh, ich han im falsche Ort gloched im Schnee
falschen Stelle im Schnee gegraben habe. Auch Magneten haben mir
usse. Jetzt nach dene Magnet, ich han nöd eso viel Magnet, aber die
dabei geholfen. Ich habe nicht sehr viele davon, aber die haben mir
Magnet händ mir au zeigt, dass das die richtig Schtell gsi isch.
bestätigt, dass das die richtige Stelle war.

Nachdem sie ein Loch in den Schnee geschaufelt haben, schauen sie es sich an.

Da muesch jetzt gnau luege, das isch das Interessanti. Wenn mä
Du musst jetzt genau hinschauen, das ist sehr interessant. Die ein-
abeluegt, sind die Schichtige grad durre, die zeigt gnau de Winter
zelnen Schichten zeigen genau an, wie der Winter wird. Der jetzige
a. Das isch jetzt die obere Schicht da durre.
Zustand ist die oberste Schicht.

Er zieht eine Linie mit seinem Stock[32].

De Februar, de zeigt a die zweitoberscht, di dritt isch de März,
Der Februar ist die zweitoberste Schicht, der März die dritte und
z'underscht isch dr April. Jetzt die oberi Schicht da zeigt a, dass
schliesslich der April die unterste Schicht. Die oberste Schicht zeigt
mer vor de andere keini gross Schneemängene händ. De Februar de
demnach an, dass zurzeit keine grösseren Schneefälle zu erwarten
wird eher schneearm uusfalle. Chalt zeigt er a, da wo's so blaueled,
sind. Der Februar wird auch eher schneearm ausfallen. Der Schnee,
de Schnee, das zeigt e Chälti a. De Februar zeigt no keini grossi
der bläulich schimmert, zeigt Kälte an.
Schneehüfe a, ich han zwar im Herbscht gmeint, es gäb Hüfe Schnee
Im Herbst habe ich auf ein falsches Zeichen geachtet, das eine grosse
und da hani wieder einisch uf es falsches Zeiche gluegt. Und das
Menge Schnee anzeigte.
isch Künstlerpäch, das chann passiere. Jetzt de März da unde, de
Aber das ist Künstlerpech, das kann passieren. Der März zeigt anzeigt afangs a no nit viel Schnee a. Da chann's 1,5 Meter Schnee gä
fänglich auch nicht viel Schnee an. Aber um Mitte März kann es auf
uf dere Schtell Mitti März umme. Die underi Schicht zeigt jetzt scho
der Stelle anderthalb Meter Schnee geben. Die unterste Schicht zeigt
d'Aprile a und de Aprile isch sehr niderschlagsriich, chalt isch de
jetzt schon den April an. Er wird sehr niederschlagsreich und kalt,
Aprile, das zeigt's jetzt a, de Tüfdruck. D' Lüt händ halt de Glaube
die Schicht zeigt ein Tiefdruckgebiet an. Die Leute glauben nicht an
nid dra. (...) Aber ich verpflichte niemer, er müessi's glaube, aber das
diese Form der Voraussage. Ich verpflichte auch niemanden, das zu
sind sicher Zeiche da i dem Wald.
tun, aber das alles sind sichere Zeichen.

[32] S. 68

Martin, der Wetterprophet, und sein Lehrling Roman

Schneeuntersuchung für die Wetterprognose

Martin führte uns ins Hochmoor, wo er das Moor für seine Prognosen untersucht.

Da si mer jetzt a dem bekannte Flachmoor oder Hochmoor am Ro-
Jetzt sind wir bei dem bekannten Hochmoor oder Flachmoor in
33 S. 72 thethurm[33]. Mer sind da a de Biber z'sueche. Das isch d'Gränze
Rothenthurm an der Biber. Der Fluss bildet die Kantonsgrenze
zwüsche Kanton Schwyz und Kanton Zug. Und ich bi ja jetzt dä
zwischen den Kantonen Schwyz und Zug. Ich bin jetzt gut sechzig
guet sechzgi und ich wett ja immer no öpis däzue leehre zum Wätter
Jahre alt und möchte immer noch etwas dazulernen, um das Wetter
voruussäge. Ich bi jetzt uf d' Idee cho, ds Hochmoor usse zeigt üs
voraussagen zu können. Ich bin dabei auf die Idee gekommen, dass
a, wie das Wätter i Zuekunft wird. Ich rächne, bis i hundert Jahre
uns das Hochmoor anzeigt, wie das Wetter in Zukunft wird. Ich
hät mä das dusse, dass mä ahand vom Hochmoor do öppe chann's
rechne damit, dass hier in hundert Jahren nicht mehr mit Hilfe des
Wätter festlegge. Gmerkd, das isch gfrorne Bode. Mer hend am 21.
Hochmoors das Wetter festgelegt wird. Nun habe ich gemerkt, dass
Februar, hemmer für drissig Zentimeter abgfrorne Bode Hochmoor.
der Boden gefroren ist. Wir haben den 21. Februar.

Das zeigt's a, und da wird's sächzig Zentimeter Schnee jetzt denn
Der Boden im Hochmoor ist dreissig Zentimeter gefroren.

no einisch gä. Das chann me neh vo däm gfrorne Bode da. Was aber
Der gefrorene Boden macht deutlich, dass es demnächst sechzig
au isch, so guet zeigt's mer a da, das isch eigentlich normal, da hät's
Zentimeter Schnee geben wird.

öpe gfrorne Bode, das git's nid immer, aber so wiit wie ich mag
Einen gefrorenen Boden gibt's nicht immer. Wenn ich mich zu-
zuruggbsinne, im '59i hemmer au en schöne Februar gha, mer hend
rückbesinne, haben wir 1959 und 1964 auch einen schönen Febru-
im '64i e schöne Februar gha. Da hemmer, '64i, hemmer ungfähr
ar gehabt. Damals war der Boden gegen Ende Februar sechzig bis

um die Jahresziit, hät's da sächzig bis sibezig Zentimeter abgfrorne
siebzig Zentimeter tief gefrorenen.
Bode gha. Da het's ganz schöni Sümmere gäh, 59 und 64 sind ganz
In diesen beiden Jahren, 1959 und 1964, war der Sommer schön.
schöni Sümmer gsi. Vo dem a git's au hür ganz e schöne Summer.
Demnach wird auch dieser Sommer sehr schön. Er wird nicht zu
Er wird nie z'troche, er wird au nie z'nass. Es chann einisch ä öpe
trocken und auch nicht zu nass. Es kann schon mal eine vierzehn-
vierzähtägigi Schlächtwätterperiode geh, brucht jetzt en schöne
tägige Schlechtwetterperiode geben, auch in einem sonst schönen
Summer a dem ah. Und das hie, das muess ich jetzt i Zuekunft im-
Sommer. Für die Zukunft muss ich lernen, aus dem Hochmoor noch
mer leehre... us em Hochmoor öpis drus z'näh.
mehr Schlüsse zu ziehen.
Garantiere chann ich nüt!
Garantieren kann ich aber nichts!

Prophet M. Horat

Untersuchung des Hochmoors für die Wetterprognose

50

ANHAND DER BIRKE PROGNOSTIZIERT ER DAS WETTER.
Das isch es Zeiche für die Birke, das isch ganz e schöne Baum, mer
Die Birke ist ein sehr schöner Baum, der durch die Farbe auf seiner
kännt en guet de Farb a, de zeigt's uf's Wätter immer a da. Und da
Rinde das Wetter anzeigt. Und ich erkenne da noch nichts vom
isch gar nüt umme vo Früehlig da. Dänn machits halt no ainisch
Frühling. Mitte März kommt nach meiner Prophezeiung noch mal
e Hufe Schnee.
viel Schnee.

[34] S. 76 ER ZEIGT ETWAS AUF DER BAUMRINDE[34].
Das sind die Schtrichli, das sind die Wätterstrichli, wo's de Schnee
Das sind die Striche, die Wetterstriche, die den Schnee anzeigen.
azeigt. Das isch jetzt so e wiissere Striife, das zeigt de Schnee denn no
Die weisseren Streifen zeigen den Schnee an.
ainisch a. MARTIN ZEIGT AUF DIE WEISSEN FLÄCHEN. Und das sind die
Es sind verschiedene Zeichen sichtbar, und der Laie kann nicht
verschiedene Zeiche da, und der Laie cha das nid säge, was's bedütet.
sagen, was sie bedeuten. Man muss Köpfchen haben, damit man
Da muess me natürli Chöpfli ha, dass mer das cha enziffere, was das
entziffern kann, was das heisst.
heisst. Do zeigts wieder e schöne Mai a bis um de 20. Mai um. Ab em
Die Birke zeigt einen schönen Mai an, bis um den Zwanzigsten
20. Mai hämmer wieder Gwitter. Afangs Juni wird's wieder besser und
rum. Ab dem 20. Mai folgen Gewitter. Anfang Juni wird es wieder
wiiter uffe chann ich nid sägge, ich müest wiiter ufe chlättere, aber
besser. Wie es dann weitergeht, kann ich aber noch nicht sagen, da
ich cha zweni guet chlättere. Da zeigt der eigentli, bis im Oktober
müsste ich hochklettern. Das kann ich aber nicht so gut. Das Wetter
zeigt der die Birke z'Wätter a, aber ich müsst e Leitere ha.
wird vom Baum eigentlich bis Oktober angezeigt, dafür müsste ich

Es isch jetzt no nüt vo de Umwält gschedigt worde, das isch jetzt
aber eine Leiter haben. Die Birke ist noch nicht von der Umwelt
rein i de Natur us, so wie sie's azeigt. Da gseht mer jetzt nüt vo
beschädigt worden. Das ist die reine Natur, wie sie da angezeigt
dene Triibhuus-Abgas, dass da öpis gschediget wär. Da hät's vor
wird. Man sieht nichts von Treibhausbeschädigung oder Abgasen.
zweihundert Jahre die gnau gliche Birke gäh. Das het gar nüt mit
Genau die gleiche Birke gab es vor zweihundert Jahren auch schon.
de Umwältverschmutzig z'tue, das isch genau die glich Birke da.
Das hat nichts mit Waldverschmutzung zu tun.

SOGAR EIN GEBÜSCH ZEIGT IHM, WIE DAS WETTER WIRD.
Das isch jetzt de Brüschta, der isch no total abgstorbe, de zeigt nüt
Das Gebüsch hier ist total abgestorben. Das zeigt nichts an für den
a für de nächschti Summer, da muess ich i zwei Monet go luege, de
nächsten Sommer. Ich werde in zwei Monaten nochmals schauen
zeigt überhaupt no nüt a. De Brüscht isch eigentlich meh es Zeiche,
müssen. Das Gebüsch ist allgemein eher ein Zeichen dafür, wie der
wie de Winter wird. Da zeigt's a, wie er im Herbscht gsi isch, das sind
Winter wird. Hier kann man sehen, wie das Gebüsch im Herbst war,
die abgschtorbne Blüete. Da zwüsche drin, wänn mä gnau luegt,
das sind die vertrockneten Blüten. Wenn man genau hinschaut, hat
hätt'r ä Lücke. Das isch de Februar. ER ZEIGT MIT DEM STOCK IM
es dazwischen eine Lücke. Das ist der Februar. Im Herbst habe ich
GEBÜSCH[35]. Und das hät mä im Herbscht nid gseh, da gseht mer's
das nicht gesehen, jetzt sieht man es gut. Die Lücke zwischen den
jetzt guet. Zwüschendrin die Lücke, da zeigt de Februar a.
Blüten zeigt den Februar an.
ER LAG IN SEINER PROGNOSE FÜR DEN FEBRUAR FALSCH UND SCHEINT JETZT DIE RICHTIGEN ANZEICHEN AM GEBÜSCH ZU ERKENNEN.

[35] S. 78

Prophet M. Horat

Untersuchung der Birke

Prophet M. Horat

Untersuchung des Gebüschs für die Wetterprognose

WAS DENKEN DIE MENSCHEN ÜBER EURE PROPHEZEIUNGEN? Sicher, es wird schon ernst genommen, aber mehr in der weiteren Umgebung. Das war schon in der Bibel so. Den Propheten im eigenen Land glaubten sie nicht. Nur Leute aus anderen Ländern taten das.
WAS HAT DEINE FÄHIGKEIT DES PROPHEZEIENS FÜR EINE BEDEUTUNG IN DEINEM ALLTAG? Die Mitmenschen haben eine Genugtuung, dass sie einen intelligenten Mann zum Fragen haben. (LACHT)
KOMMT ES VOR, DASS SIE DICH FRAGEN, WIE DAS WETTER WIRD? Ja oft, sehr oft.
GIBT ES JEMANDEN, DEM DU ERNSTHAFT DEIN WISSEN WEITERGIBST? Die Leute sind eben schwer von Begriff. Es gibt Tausende von Zeichen in der Natur und jedes Zeichen hat praktisch einen Namen. Ich schaue auf Zeichen, die keinen Namen haben, deswegen kann ich es nicht erklären. Das ist und bleibt ein Geheimnis.
WAS SAGST DU ZUM KLIMAWANDEL? Das Wetter ist genau gleich wie vor zweihundert Jahren. Das hat sich nicht verändert. Vor zweihundert Jahren gab es am 20. Februar temperaturmässig den genau

gleichen Tag. Eine Menschenhand kann das Klima nicht verändern, ein Vulkanausbruch hingegen schon. 1815 war in Indonesien ein gewaltiger Vulkanausbruch. Auf der ganzen Welt blickte etwa zwei Jahre lang die Sonne nicht mehr so richtig durch die Asche. Alles war bedeckt. Wir hatten zwei miserable Jahre, 1816 und 1817. 1817 war das grösste Hungerjahr der letzten dreihundert Jahre. Wir müssten dreihundert Jahre leben, um alle Wetterzeichen zu kennen. Nach der heutigen Medizin wird das möglich. Ich glaube, wir werden dreihundert Jahre alt. Dann können wir das Wetter hundertprozentig voraussagen.

Was treibt dich dazu an, Wetterprophet zu sein? Das siehst du ja, die Leute haben Spass. Das ist eine Begeisterung, wenn die Leute Freude daran haben. Ich würde das sicher nicht machen, wenn mir niemand dabei zuhört. Die Leute müssen mir zuhören, sonst kann ich das Wetter nicht prophezeien. Selber habe ich die grösste Freude, wenn sie alles glauben. (Er lacht herzlich und die anderen auch.)

Als wir an einem Ameisenhaufen vorbeikamen, erzählte Martin, dass die Ameisen krumme Beine haben.

Das ist wohl ein Zeichen für einen guten Sommer. Vor einem schlechten Sommer haben sie X-Beine.

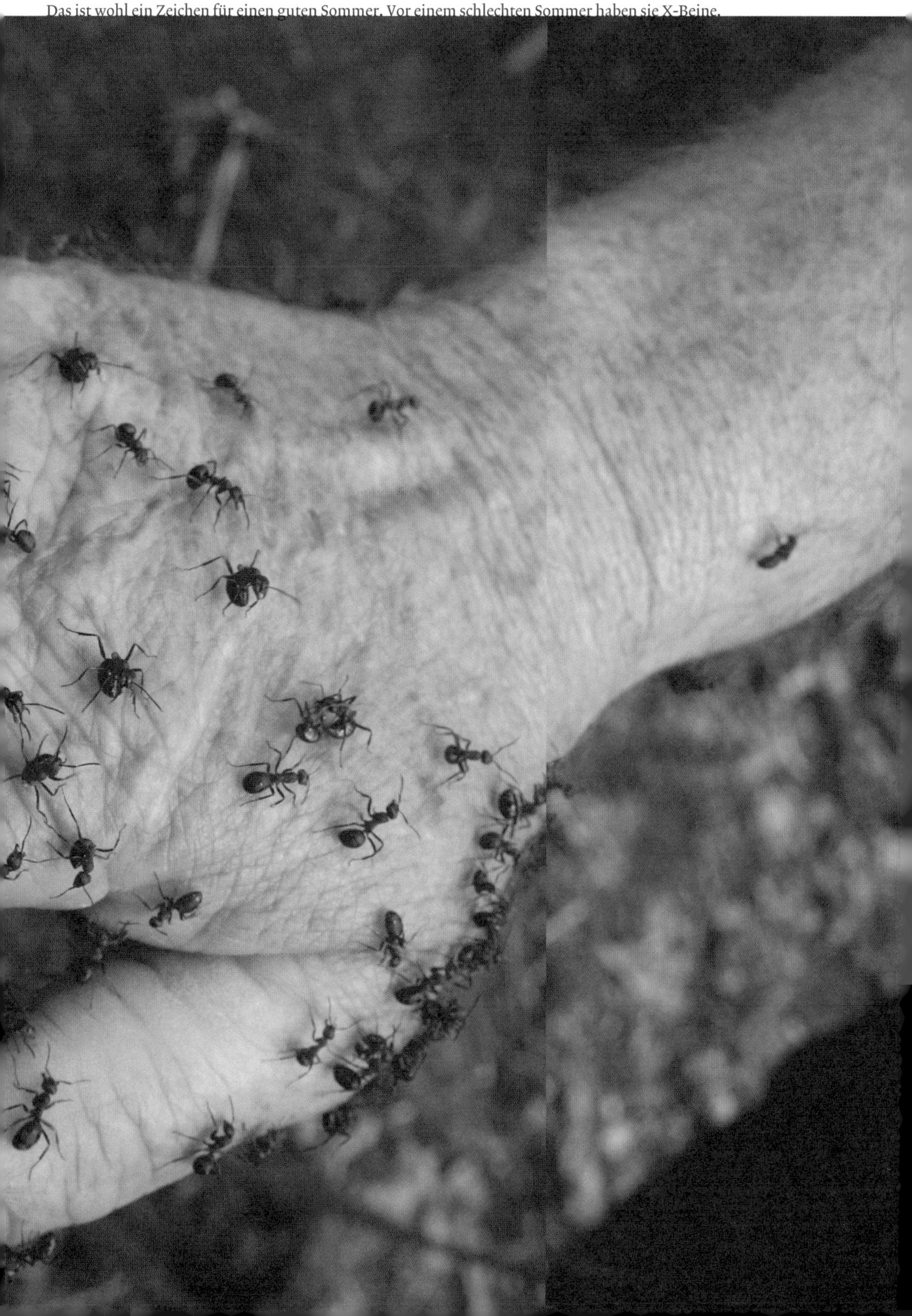

Steinbockjäger Karl Reichmuth (Karri)

Karl Reichmuth, von allen Karri genannt, ist seit zwanzig Jahren Wetterprophet. Der 58-jährige Jäger lebt allein und verbringt oberhalb von Schwyz[36], Haggen, zwölfhundert Meter über dem Meer, ein friedliches und schönes Leben. Der etwas scheue Wetterprophet ist ungern im Mittelpunkt der Öffentlichkeit, scheint jedoch sehr beliebt zu sein bei seinen Mitmenschen. Er wird sogar von wildfremden Menschen bei der Wahl des Hochzeitstermins um Rat gefragt. Der urchige, handwerklich begabte Karri war anfänglich für mich schwer zu verstehen. Dafür stand mir jedoch der hilfsbereite Martin Horat[37] zur Seite.

36 S. 24

50 37 S. 58

Wie kam es dazu, dass du Wetterprophet wurdest? Ja… händ immer gseit, jo Sie chöned s'Wetter beurteile, jo, da siegs ebe das Wetter so oder so, hä, ou hani so gseit, jo das chan eine nied, hä, denn häts kheisse, jo denn händs mi denn äbe uufgnuh i de Verein ine, als Wetterprophet, hä, und siet do, won ich drinne gsi bi, sit ich jetzt drinne bi, hani… immer müeh, schient äbe das Wetter stimmt äbe a ned immer. Luege cha mer, graduse, ehrli gseit uf nüt. Luege? Für äs sichers Zeiche vom Wätter cha mer überhaupt nöd luege.
Die Wetterpropheten sagten immer, dass sie das Wetter beurteilen können. Dass das Wetter so oder so wird. Als ich meine kritische Meinung geäussert habe, wurde mir die Aufnahme in den Verein angeboten – als Wetterprophet. Seitdem ich Mitglied bin, habe ich aber immer wieder Mühe mit der Voraussage. Sie stimmt nicht immer mit dem tatsächlichen Wetter überein. Schauen kann man, ganz ehrlich gesagt, auf gar nichts.
Ältere Leute haben ihm gesagt, er solle Wetterprophet werden. Seit er bei uns Wetterprophet ist – sonst ist er Landwirt –, hatten sie nur noch gute Heuernten, weil er das Wetter gut kennt. Vorher hatten sie miserable Heuernten.
Woher hast du das Wissen über das Wetter? Sein Onkel und seine Grossmutter prophezeiten auch schon das Wetter. Hauptsächlich von den beiden hat er das alles gelernt.

WORAUF ACHTEST DU BESONDERS? Für de Winter hauptsächlich ufs Wild, uf de Fuchs, en dicke Peltz, denn isch es mehrheitlich en chalte Winter. Er ist Jäger und beobachtet für die Wintervoraussage hauptsächlich die wilden Tiere. Der Fuchs beispielsweise ist eines seiner Wetterzeichen. Ein dickes Fuchsfell bedeutet, dass ein kalter Winter bevorsteht. Summer isch schwierig z'säge, Summer cha mer schwer beurteile. Den Sommer kann man nur sehr schwer beurteilen. Gägewärtig lueg ich nöd uf Zeiche, meh uf d'Wind. Es kann überhaupt niemand hundertprozentig auf die Zeichen achten. Im Winter betrachtet er die Winde. Im Summer, wenn säged mer emol bi üs obe, cha s schönschte Wätter si, strahlblaue Himmel, und am Obig chömed die Reh und die wei go frässe veruse, hä, den händ mer den sicher, anderthalb Tag später isch den sicher Räge. Hudliwätter häsch... vom ganz schöne Wetter, und ebe wenns chömed go ässe ... Wenn an einem schönen Sommerabend die wilden Tiere nahe an die Strasse und die Dörfer herankommen[38], ist das ein Zeichen dafür, dass es in einem oder anderthalb Tagen Regen gibt.

[38] S. 88

WIE WIRD DER SOMMER? Vorsummer isch ganz troche, Vorsummer isch troche, Nosummer nass, ganz en nasse Summer. Er sagt, dass der Sommer gottvergessen – also sehr – nass wird. Nach einem noch vorwiegend trockenen Vorsommer folgt ein nasser Nachsommer. Jo, wenns im Winter i de kurze Tage wenig Niederschläg git, gits im Summer in de lange Tage Niederschläg. Die Tage über Weihnachten und Neujahr sind die kurzen Tage. Wenn es dann wenig Niederschläge gibt, wird es im Sommer viel regnen[39].

[39] S. 90

SCHAUST DU DIR DEN WETTERBERICHT IM FERNSEHER AN? Radio und Fernseh hani scho mängs Johr, uf das hani nie glueget. Er glaubt nicht an das Schweizer Fernsehen und Radio sondern an das Barometer.

GIBT ES JEMANDEN, DEM DU DEIN WISSEN ÜBERMITTELST? Jo, keini Frog, wenn ich alt gnueg bi scho. Wenn er alt genug ist, etwa neunzig Jahre, wird er es seinen Neffen weitergeben.

GLAUBST DU AN DEN KLIMAWANDEL? Nai! Daran glaubt er nicht, wir sind da gleicher Meinung[40].

[40] S. 80

Wenn wilde Tiere wie Rehe
oder Gämsen sich Richtung Dorf
bewegen, ist es ein Zeichen
dafür, dass es demnächst regnet.

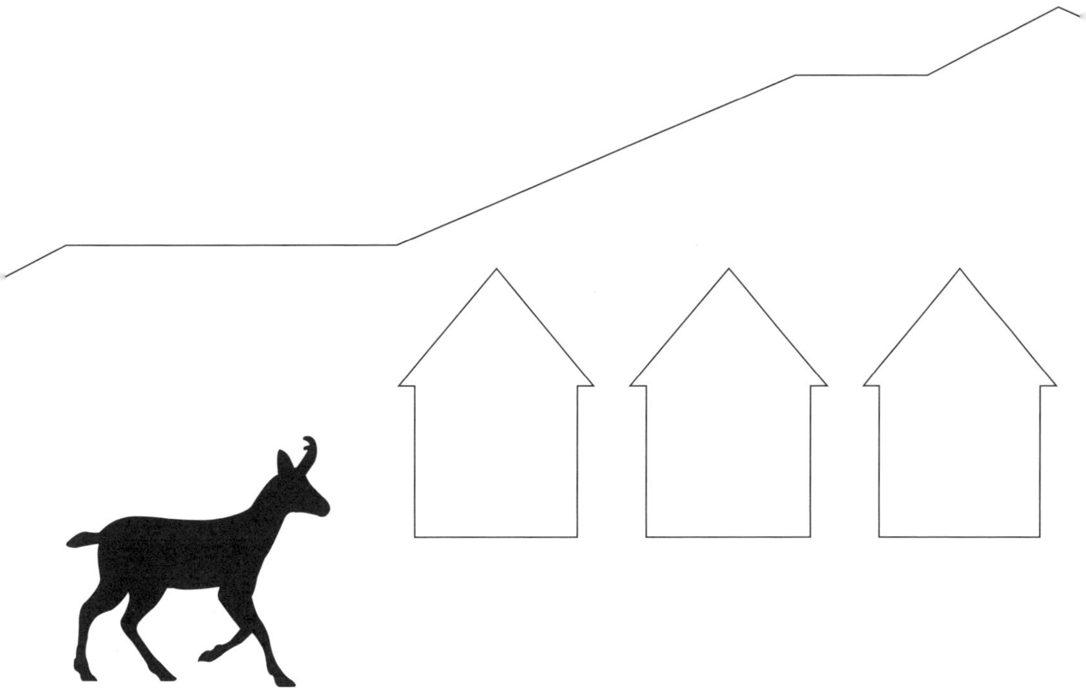

Prophet K. Reichmuth

Wenn es über Weihnachten und
Neujahr wenige Niederschläge gibt, wird
es im Sommer viel davon geben.

Januar

Februar

März

April

Mai

Juni

Juli

August

September

Oktober

November

Dezember

Januar

Februar

März

April

Mai

Juni

Juli

August

September

Oktober

November

Dezember

Was hat das Wetterprophezeien für eine Bedeutung? **Zeitvertreib.** Er ist in der Umgebung eine gefragte Person, wenn es ums Wetter geht. Er wird viel gefragt von der heimischen Bevölkerung. Vorher hatten sie schlechte Heuernten, weil sie das Futter nicht im rechten Moment schnitten. Jetzt schneiden sie das Futter im richtigen Moment. Als Beispiel: In Schwyz arbeiteten zwei Landwirte nebeneinander. Der eine Landwirt hat das Heu geschnitten und der andere Landwirt, ein Kollege von Karl, hat auf dessen Rat hin abgewartet. Dem voreiligen Bauer hat es vierzehn Tage lang das Heu verregnet, dem Kollegen nicht, weil er auf Karl gehört hat. Diese zwei Landwirte wohnen in der Nähe vom See. Karri hat gesagt, wenn im See nicht sauberes Wasser ist, sondern trübes, sollte man nicht Heu schneiden! Das sei nämlich ein schlechtes Zeichen und bedeute, dass ein Tiefdruckgebiet im Anmarsch sei[41]. Das Seewasser sollte sauber sein. Der See ist bloss vierzehn bis fünfzehn Meter tief. Von einem tiefen See kann man solche Gesetze nicht ablesen. **Jo, die telefoniered denn. Eimal het mir es Wybevolch telefoniert, vo St. Gallen, und mi gfragt, ich sig doch auch eine vo dene Wätterprophete. Denn hani gseit, ja. Jo ebe, sie heg im Mai Hochzit, a welem Maitag sie müssi hürate, um e schöne Tag zha. Ebe zwei Wuchenend händs kha. Öb jetzt die a diesem Wuchenend oder am andere ebe, sie siget im Freie, die Hochzit findi im Freie statt. Denn han ich gseit, sie sölli am zweite Wuchenend, wo sie gseit het, müesse sie die Hochzitsfiir ha, gits schöns Wätter, hä. Drü Wuche später hani en Torte und vier so grossi Farbfotene vo der Hochzeitsfiir übercho, strahlblaue Himmel do druf.**

41 S. 94

Viele Menschen rufen ihn an. Einmal hat eine Frau aus St. Gallen angerufen. Sie wollte im Mai heiraten und hatte zwei Wochenenden zur Auswahl. Sie wünschte sich schönes Wetter, da die Hochzeit im Freien gefeiert werden sollte. Karri wählte das zweite Wochenende aus. Und tatsächlich bekam er drei Wochen später eine kleine rote Torte und ein Brautfoto von der Hochzeitsfeier. Sie hatten strahlend blauen Himmel und Sonnenschein!

Ende April 2008 besuchte ich die Propheten nochmals. Bei der Generalversammlung hatte ich die Möglichkeit, mit Karl Reichmuth zu sprechen. Diesmal ohne Übersetzer!

In deiner Sommerprognose 2008 steht: «Heumonat[42]: Vom 1. bis am 10. warm, aber gewitterhaft.» Woran hast du das gemerkt? Am Karfreitag hat es bei uns in der Innerschweiz geregnet, es gab Sonnenschein und am Abend Gewitter und Donner. Daraus schliesse ich, dass es in der ersten Hälfte dieses Monats gewitterhaft sein wird[43].

Wiederholt sich das Karfreitag-Wetter also in den ersten zehn Tagen im Juli? Ja, genau. Das ist eine alte Regel von meinem Urgrossvater. Auch er hat schon auf diese Zeichen geschaut.

Was treibt dich an Wetterprophet zu sein? Die Leute und das Humorvolle! Hier sieht man viele Leute, die das Ambiente geniessen und Freude haben. Ich bin allein zu Hause und komme so wieder unter Leute, das gefällt mir. Darum bleibe ich jetzt noch ein paar Jahre dabei!

[42] Heumonat: Juli

[43] S. 96

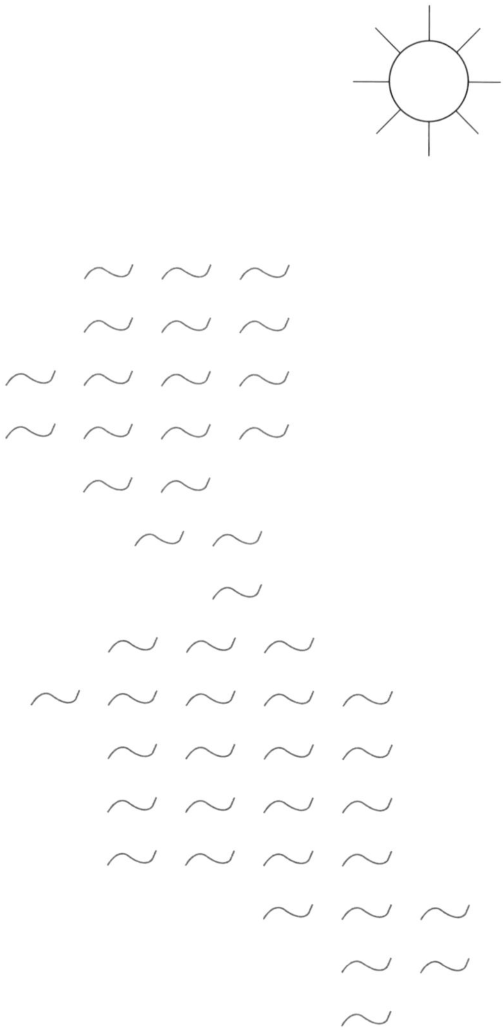

Wenn man im Sommer bei gutem Wetter das Wasser eines nicht allzu tiefen Sees beobachtet und dieses klar ist, dann bleibt das Wetter gut. Falls das Wasser des Sees trüb erscheint, ist ein Tiefdruckgebiet im Anmarsch.

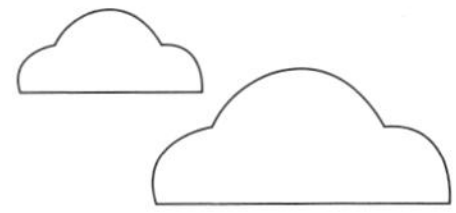

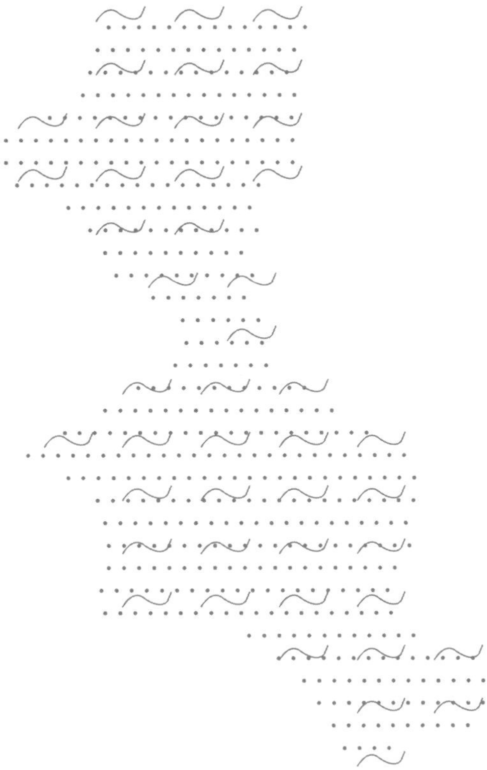

Januar

Februar

März

April

Mai

Juni

Juli

August

September

Oktober

November

Dezember

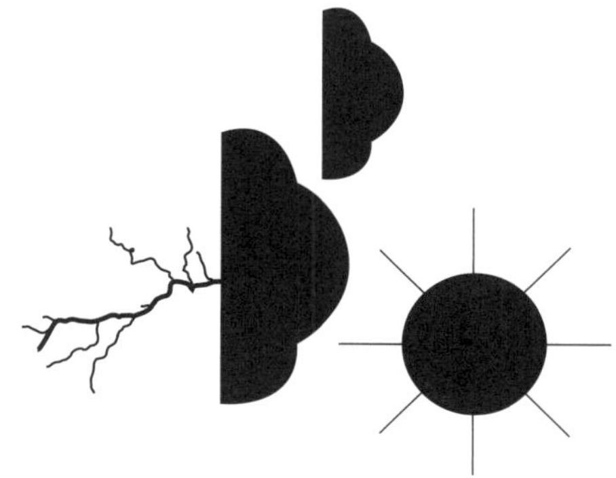

Laut Karri wiederholt sich das Wetter vom Karfreitag jeweils im ersten Julidrittel. Das sei eine uralte Regel. 2008 beispielsweise hat es am Karfreitag in der Innerschweiz geregnet, die Sonne schien und abends gab es Gewitter. Deswegen ging der Wetterprophet davon aus, dass es vom 1. bis 10. Juli warm, aber gewitterhaft sein würde.

Geissdaddy Benny Wagner

Benny Wagner, «Geissdaddy» (Geissenvater) genannt, ist seit fünfzehn Jahren Wetterprophet. Der ehemalige Architekt und Wirt aus Luzern reiste in den letzten Jahren viel herum und wohnte längere Zeit in Oberiberg am Ybrig.
44 S. 24 Heute lebt der 63-jährige allein im Berner Oberland[44] und renoviert dort sein Haus. Die Bezeichnung «Geissdaddy», die er seit zwanzig Jahren trägt, leitet sich davon ab, dass er in früheren Jahren Geissen (Ziegen) züchtete.

Wie kam es, dass du Wetterprophet wurdest? Ich war zwanzig Jahre lang Wirt in Oberiberg, in der Region der Wetterpropheten. 1993 verstarb der damalige Präsident Xaver Suter. Für ihn bin ich als neuer Prophet ins Team gekommen. Am Wetter war ich aber schon immer interessiert. Bereits acht Jahre vor meiner Berufung habe ich ausser Konkurrenz das Wetter prophezeit und beim Verein eingereicht.
Du hast früher in der Innerschweiz gelebt. Warum bist du ins Berner Oberland gezogen? Weil es im Oberland sehr schön ist. Vor sechs Jahren habe ich aufgehört zu arbeiten. Bis dahin führte ich mein Restaurant in Oberiberg. Gesundheitlich war mir diese Arbeit nach zwanzig Jahren aber zu streng. Eigentlich per Zufall hat es mich kurz darauf ins Berner Oberland verschlagen. Dort bin ich jetzt damit beschäftigt, ein uraltes Haus umzubauen. Zudem produziere ich eine eigene Geissdaddy-Wurst, oder besser gesagt, der Metzger fabriziert sie nach meinem Rezept. «Geissdaddy» ist ein eingetragener Name, so wie etwa Thomy-Senf.
Was machst du genau, um das Wetter bestimmen zu können?
45 S. 104 Ich habe regelmässigen Kontakt mit dem Kloster in Einsiedeln[45],
46 S. 110 47 S. 106 insbesondere mit Bruder Konrad[46], der dort die grosse Bibliothek[47] führt. Die Klosterbewohner schreiben seit ungefähr sechshundert
48 S. 108 Jahren das Wetter auf[48]. In ihren Aufzeichnungen habe ich recherchiert und dabei festgestellt, dass es immer wieder fast identische
49 S. 116 Wetterjahre gibt[49]. Eine einfache Annahme besagt beispielsweise, dass sich Unwetter alle sieben oder zehn Jahre ereignen.
Gibt es eine bestimmte Regel, nach der du dich richtest? Nein, da muss man ungefähr hundert Jahre in der Vergangenheit

suchen. Ich komme dabei zu folgenden Schlüssen: Haben wir einen heissen Sommer, folgt darauf ein strenger Winter. Gibt es umgekehrt einen späten Sommer – sprich, einen schönen Herbst – fällt der Winter milder aus.

Ich beobachte für meine Prognosen ausserdem die Natur. Du musst alles ein bisschen im Auge behalten. Ich habe beispielsweise Brennnesseln vor meinem Haus. Hin und wieder sind diese mit schwarzen Flecken gezeichnet, was mir anzeigt, dass es demnächst Hagel geben wird. Werden die Pflanzen gross, folgt ein schöner und heisser Sommer.

Die Wetterprognose ist ein Stück weit auch Glückssache. Es hat früher schon öfters Winter ohne Schnee gegeben und darauffolgend schlechte niederschlagsreiche Sommer. Genauso wie den verkehrten Ablauf, schneereicher Winter und anschliessend schöner Sommer. In den früheren Aufzeichnungen kann man nachprüfen, dass diese Zyklen sich immer wieder abwechseln.

HAST DU EIN PAAR BEISPIELE VON JAHREN, WO DEUTLICH SICHTBARE PARALLELEN ZU ERKENNEN WAREN? Ich habe mit dem Jahr 1874 eines gefunden, das genau war wie 2004. Die Übereinstimmungen sind sehr deutlich. Vor zwei Jahren war das Wetter wie 1892. Nun habe ich den Wetterverlauf von 1942 gut studiert. Damals verlief der Winter sehr ähnlich wie im vergangenen Jahr.

WIE OFT BESUCHST DU DAS KLOSTER? Ungefähr zweimal im Jahr. Ich bin jeweils einen halben Tag bei Bruder Konrad, stöbere in den Büchern und spreche mit ihm übers Wetter.

WAS SAGST DU ZUM KLIMAWANDEL? WIRD ER VON MENSCHEN BEEINFLUSST? Ja, der Mensch hat sicherlich einen Einfluss. Es ist wärmer geworden, und es gibt viel mehr Leute auf der Erde. Fast jeder besitzt ein Auto und heizt seine Räume. Das gab es früher nicht. So viele Menschen verursachen durch ihr Tun dementsprechend eine Erderwärmung! In der Hinsicht muss ich den Umweltschützern recht geben.

BIST DU ALSO ANDERER MEINUNG ALS DEINE KOLLEGEN, DIE BEHAUPTEN, DASS DER MENSCH KEINEN EINFLUSS AUF DIE GLOBALE ERWÄRMUNG HAT? Ja. Wir brauchen diese Welt, wir brauchen sie sehr. Es ist ja im Grunde genommen logisch: Heute gibt es viel mehr

Menschen als damals, und mehr Menschen erzeugen deutlich mehr Abgase. Hinzu kommt, dass wir heute in einer Konsumgesellschaft leben und mehr Rohstoffe verbrauchen.

Ich habe gelesen, dass du Hobbymaler bist. Ja, ich male, bin Graphiker und schreibe Bücher. Bis ich dreissig war, arbeitete ich als Architekt und habe Häuser gebaut. Dann bin ich eine Weile in der Welt herumgereist und habe in Crans-Montana die Hotelfachschule besucht. Im Anschluss habe ich das Restaurant übernommen und später gekauft. Mit 55 Jahren habe ich, wie gesagt, aufgehört, ich war gesundheitlich angeschlagen. Jetzt, mit 61 Jahren, geht es mir besser – ich bin im Ruhestand.

Was schreibst du für Bücher? Ich schreibe gerade an einer Autobiographie. Da steht zum Beispiel geschrieben, dass ich in meinem Leben 26-mal umgezogen bin. Das Umsiedeln mag ich jetzt nicht mehr, ich bleibe lieber hier und schreibe. Ich sollte noch zwanzig Jahre leben können, was ein langer und schöner Lebensabschnitt ist. Mir gefällt es hier oben, ich bin absolut happy.

Bist du alleine oder hast du Leute um dich? Ich war noch nie verheiratet, habe keine Kinder und keine Familie. Ich bin ein Einzelmensch und zufrieden damit. Ich habe zwar viele Leute zu Besuch. Die kommen, essen, trinken und gehen. Ich habe immer Freude, wenn jemand kommt, bin aber auch nicht böse, wenn er wieder geht. Ich habe schon alles gesehen in meinem Leben. So habe ich zwei Jahre Ferien gemacht auf Malta. Hinzu kommen noch etliche andere Stationen: Italien, Liechtenstein und Amerika zum Beispiel. Ich war auch oft in Fernost, Asien, Südamerika und drei Monate in Zentralamerika.

Wo gefällt es dir denn am besten? Im Haslital, im Berner Oberland. Mir ist das Verreisen nicht mehr so wichtig.

Ist das Klima dort, wo du jetzt lebst, anders als in Oberiberg? Es liegt auf der gleichen Höhe wie Oberiberg, etwa zwölfhundert Meter über Meer. Es gibt gewiss viele Ähnlichkeiten, aber die Winde wehen dort anders als im Muotatal, wo wir Propheten das Wetter voraussagen.

Wie lässt es sich vereinbaren, dass du im Berner Oberland lebst, aber für den Raum Schwyz Wetterprophet bist? Ich frage die anderen Mitglieder jedes Mal: «Bin ich noch dabei, oder wollt ihr lieber einen aus der Gegend?» Normal wäre schon, dass einer aus der Region die Prognosen macht. Aber jetzt bin ich halt da, und sie wollen auch, dass ich bleibe.

ACHTEST DU AUCH AUF DIE ZEICHEN IM BERNER OBERLAND? Ja, meine Brennnesseln sind beispielsweise dort oben. Ich schaue vor allem auf die Natur im Allgemeinen und in die Aufzeichnungen in Einsiedeln. Diese Mischung erachte ich als ideal für meine Prognosen. Wenn ich Schnee voraussage, meine ich folglich nicht Niederschlag im Berner Oberland, sondern natürlich Schnee in Schwyz.

WAS HAT DEINE FÄHIGKEIT, DAS WETTER ZU PROPHEZEIEN, FÜR EINE BEDEUTUNG? Im Alltag bin ich ein ganz normaler Bürger. Ich gebe mich nicht als Spezialist aus. Die Leute fragen aber schon, was der Prophet denn für Wetter voraussagt. Aber dieses Interesse ist eher kurzfristiger Natur. Für eine kurzzeitige Prognose sollen die Leute besser im Fernsehen nach dem Wetter schauen. Bei Bucheli ist das Wetter für die nächsten fünf Tage nicht schlecht aufbereitet. Die können sagen, wenn am Sonntag eine Wärmezone kommt. Das nützt dir allerdings wenig auf sechs Monate gesehen.

ALSO IST ES EIN HOBBY FÜR DICH? Ja.

WAS TREIBT DICH AN, WETTERPROPHET ZU SEIN? Ich mache das gerne, es ist ein guter Ausgleich in meinem kurzen Leben. Ich bin schon fünfzehn Jahre mit Freude dabei, denn es ist ein lustiger Kreis.

WIE HOCH SCHÄTZT DU DEINE TREFFERQUOTE EIN? Das erste Mal gewonnen habe ich 1995. Damals hatte ich mit 92 Prozent richtigen Prognosen die Nase vorn. Nachher war ich meistens Erster oder Zweiter. Daraus mache ich mir aber nichts. Die fünf Franken und ein Nastuch, das ist doch ein kleiner Lohn, oder? Für mich ist es keine Auszeichnung, wenn ich gewinne. Der Holdener Martin hat mir nur gesagt, ich solle auf jeden Fall bleiben! Es solle ja auch einer Letzter bleiben. Ja, zugegeben, ich bin ab und zu auch mal Letzter, aber sicher nicht jedes Mal!

GIBT ES JEMANDEN, DEM DU DEIN WISSEN WEITERGIBST? Nein, das ist schwierig zu bewerkstelligen. Ein bisschen Glück brauchen wir halt auch für unsere Prognosen. Wir sind ein klein bisschen Hokus-Pokus-Fidibus.

Kloster Einsiedeln

Bibliothek im Kloster Einsiedeln

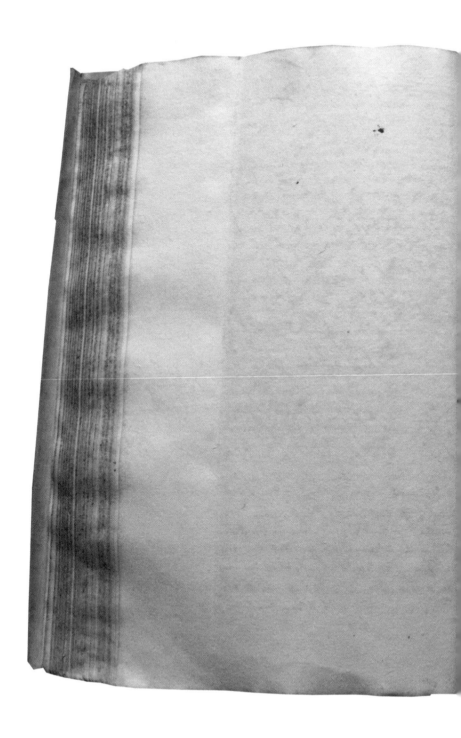

Wetteraufzeichnung von 1684

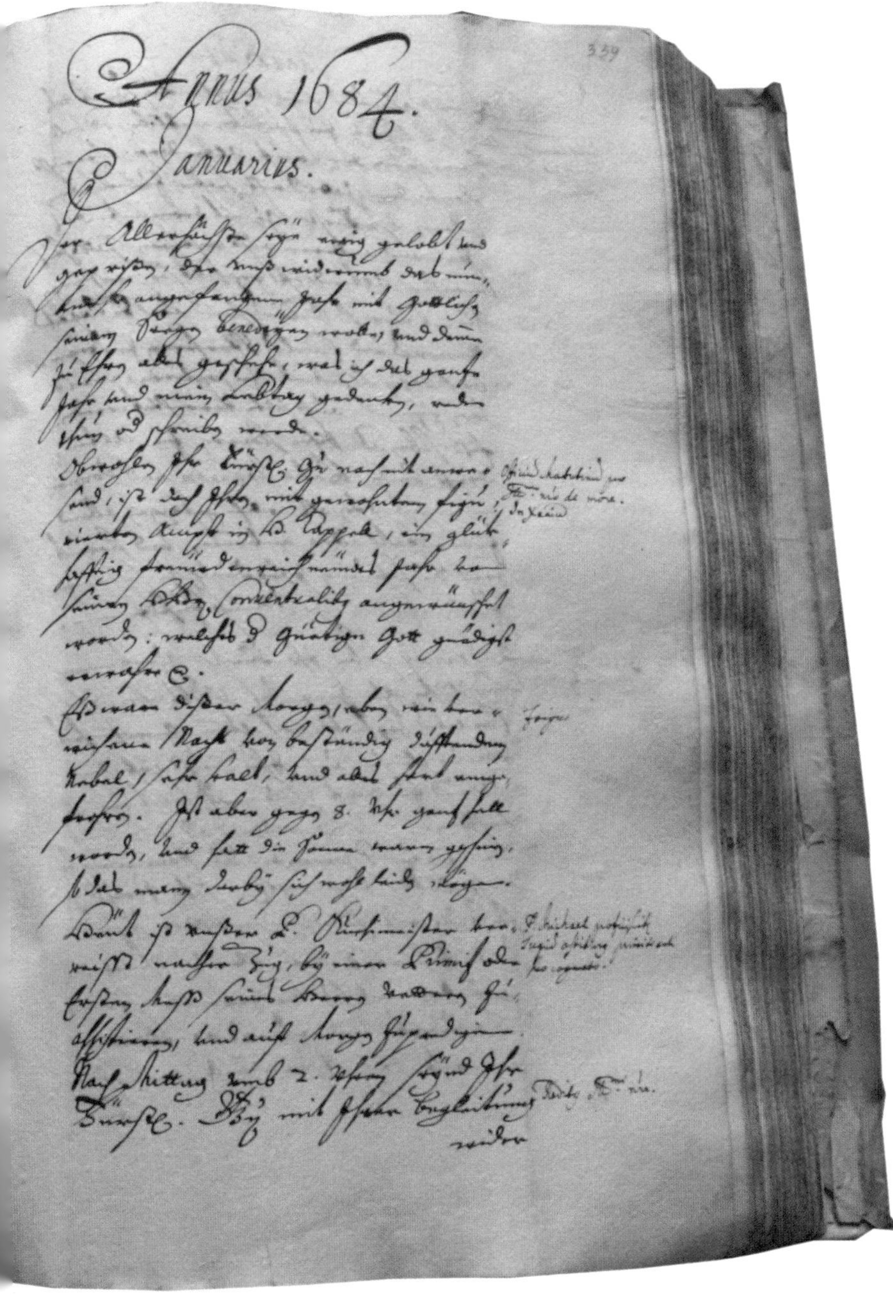

Annus 1684.
Januarius.

Bruder Konrad, der Wetterinformant von Benny Wagner (Geissdaddy)

I.N.R.I.

Ende April 2008 besuchte ich Bruder Konrad im Kloster Einsiedeln. Der 75-jährige Benediktiner ist seit 1954 im Kloster. Er notiert jeden Tag das Wetter für den Meteorologischen Wetterdienst in Zürich und wird regelmässig vom Wetterpropheten Benny Wagner (Geissdaddy) besucht.

Ich kenne die Wetterpropheten alle, Geissdaddy sowieso. Hie und da kommt der eine oder andere her und schaut, ob seine Prognosen gestimmt haben oder nicht. Wenn sie ganz sichergehen wollen, fragen sie hier an, wie es wirklich war.

Wie lange schreiben Sie bereits das Wetter für Meteo Zürich auf? Das ist heuer das vierzigste Jahr. Ich habe 1968 damit begonnen. Im Kloster wird das aber schon viel länger gemacht. Die Wetterstation hier gilt als eine der ältesten, vielleicht die älteste überhaupt, die immer am gleichen Ort geblieben ist.

Wie lange wird denn das Wetter im Kloster schon aufgeschrieben? Ungefähr seit dem Jahr 1600, wahrscheinlich aber mit Unterbrechungen. Zu Beginn wurde nur der Verlauf der Witterung aufgezeigt. Es wurde beispielsweise aufgeschrieben, es sei sehr heiss oder sehr kalt, es habe sehr viel oder lange Schnee gegeben, man könne nicht heuen, es regne ständig und so weiter. Solche Formulierungen sind damals aufgeschrieben worden, nicht aber genaue Angaben über die Temperatur oder Niederschlagsmenge. Man wusste damals noch gar nicht recht, wie das gemessen wird.

Warum hat man früher das Wetter überhaupt aufgeschrieben? In erster Linie wegen der Landwirtschaft. Es ist für diese sehr wichtig zu wissen, wie das Wetter im Normalfall verläuft. Ich bin sozusagen auch über die Landwirtschaft zum Meteo (Bundesamt für Meteorologie und Klimatologie: MeteoSchweiz) gekommen, mein Beruf ist Gärtner. Notgedrungen musste auch ich die Witterung erfassen. Die Meteorologen aus Zürich sind damals zu mir gekommen, weil die Wetterstation in den Garten verlegt wurde. In Zürich befand man, dass es am besten wäre, wenn der Gärtner die Aufzeichnungen machen würde. Im Laufe der Zeit habe ich diese Arbeit auch etwas liebgewonnen. Ich kann sie allerdings nicht allein verrichten. Ich habe immer zwei bis drei Stellvertreter, die bei Bedarf einspringen können. Das ist ein gewichtiger Grund, warum die Station damals zum Kloster gekommen ist. Man wusste, dass hier immer jemand zu Hause ist.

Waren die früheren Aufzeichnungen eine Art Nachschlagewerk, in dem man schauen konnte, wie das Wetter früher war, um daraus eigene Schlüsse zu ziehen? Ja, das war in etwa so gedacht. Für die Landwirte war es wichtig, Informationen zum Wettergeschehen früherer Tage zu haben. Dies war in verschiedenen Bereichen notwendig. So wurde damals beispielsweise auch in höheren Lagen versucht, Ackerbau zu betreiben, weil Getreide noch

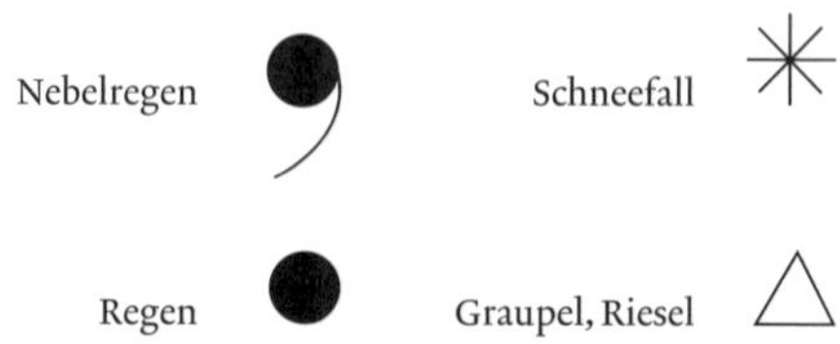

Meteorologische Zeichen, die von Bruder Konrad für die täglichen Wetteraufzeichnungen verwendet werden.

nicht beliebig transportiert werden konnte. Die Bauern wussten immer, wie viel Futter sie für das Vieh bekommen würden, und mussten dementsprechend ihren Anbau planen. Dafür war es unumgänglich, das Wetter zu kennen und zu erfassen.

Wie sieht Ihr Job aus? Haben Sie Geräte zum Messen und wie machen Sie das genau? Ja, wir haben viele Instrumente, die von Meteo Schweiz zur Verfügung gestellt und hier montiert werden. Da ist zum Beispiel ein Thermometer, das die normale Temperatur anzeigt. Zwei weitere messen das Temperaturmaximum und -minimum. Zusätzlich gibt es einen Pluviometer, ein relativ simpler Regenmesskübel. Die Wassermenge kann damit auf den Millimeter genau gemessen werden.

Die Schneemessung ist besonders wichtig, weil hier ziemlich viel Schnee fällt. Die Erfassung der Neuschneemenge verlangt keine besonderen Geräte, nur ein einfaches Brett, welches möglichst an einem geschützten Ort stehen sollte. Der Schneepegel ist ein Messstab, der fest montiert ist. Der Schnee wird dabei gar nicht berührt. Man beobachtet bloss, wie dick die Schneedecke ist. Es gibt natürlich auch einen Windmesser, welcher auf einem Ecktürmlein des Klosters steht. Dieser berechnet den momentanen Wind sowie den Windweg und ein Mittel der vergangenen zehn Minuten. Dabei werden Windrichtung, Windstärke und Spitzenböen berücksichtigt. Der Barometer wiederum muss in einem Innenraum positioniert sein. Er liegt bei uns im Büro genau 909,7 Meter über dem Meeresspiegel und bestimmt den exakten Luftdruck.

Hinzu kommen ein Hydrometer, der die Luftfeuchtigkeit misst, und eine Wasserverdunstungswaage. Viele Beobachtungen werden ohne Geräte gemacht. Zum Beispiel die Art der Bewölkung, die Sichtweite und das Wetter allgemein, etwa ob es regnet oder nicht. Das nimmt ein Gerät nicht direkt auf, das muss man feststellen.

Oder auch, ob es Reif, Raureif oder Raufrost gibt. Wenn im Winter kein Schnee liegt, muss ausserdem der Erdbodenzustand geprüft werden. Ist der Boden nass, feucht, trocken, sehr trocken oder gar gefroren und vereist?

Wie oft kümmern Sie sich am Tag darum? Es sind drei Beobachtungen, jeweils morgens um sieben, mittags um dreizehn und abends um neunzehn Uhr. Man muss die Daten am jeweiligen Instrument ablesen. In den Laptop eingegeben, gehen die Aufzeichnungen anschliessend automatisch nach Zürich, wo alles archiviert wird. Anfänglich, als ich mit den Aufzeichnungen begonnen habe, hatten wir hier noch eine Art von Logbüchern. Das hat sich mit der Zeit geändert.

Was macht man in Zürich mit den Daten? In Zürich werden die Daten einerseits gelagert. Andererseits werden damit Klimaberechnungen und Prognosen erstellt. Sie sind vor allem auch Belege, wenn etwas passiert. Nehmen wir an, es geschieht ein Unfall und die Parteien streiten sich über dessen Hergang. Ich erzähle jetzt

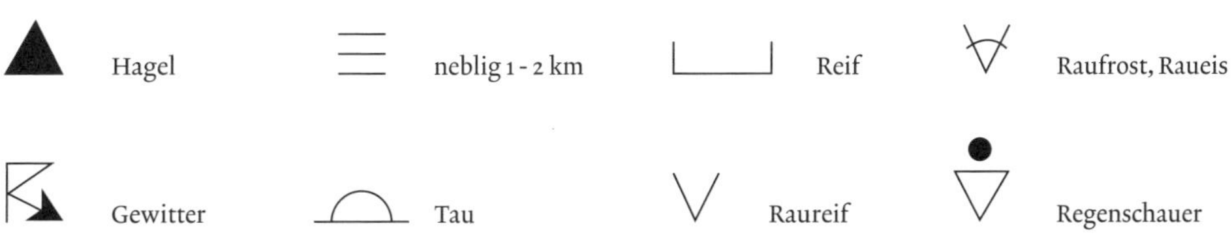

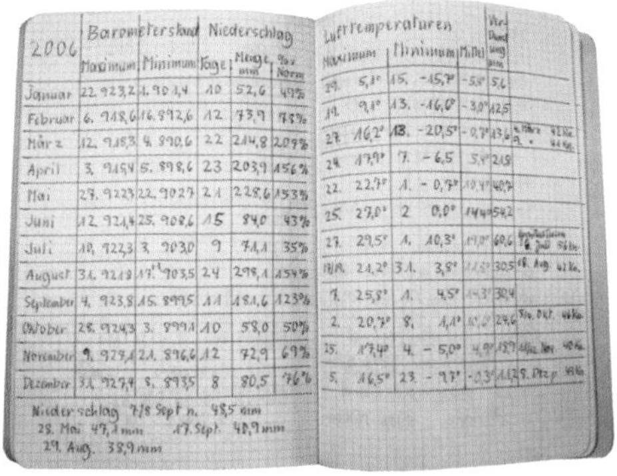

2006	Barometerstand Maximum	Minimum	Niederschlag Tage	Menge mm	% v. Norm	Lufttemperaturen Maximum	Minimum	Mittel	Verdunstung mm	
Januar	22. 923,2	1. 901,4	10	52,6	49%	29. 5,1°	15. -15,7°	-5,5°	5,6	
Februar	6. 918,6	16. 892,6	12	73,9	78%	19. 9,1°	13. -16,0°	-3,0°	12,5	
März	12. 918,3	4. 890,6	22	214,8	209%	27. 16,2°	13. -20,5°	-0,7°	13,6	[illegible]
April	3. 915,4	5. 898,6	23	203,9	156%	24. 17,9°	7. -6,5	5,4°	21,9	
Mai	27. 922,3	22. 902,7	21	228,6	153%	22. 22,7°	1. -0,7°	10,4°	40,7	
Juni	12. 921,4	25. 908,6	15	84,0	43%	25. 27,0°	2 0,0°	14,4°	54,2	
Juli	18. 922,3	3. 903,0	9	71,1	35%	27. 29,5°	1. 10,3°	17,0°	60,6	[illegible]
August	31. 921,8	17. 903,5	24	299,1	154%	17./18. 24,2°	31. 3,8°	[illegible]	30,5	[illegible]
September	4. 923,8	15. 899,5	11	181,6	123%	7. 25,8°	1. 4,5°	14,3°	30,4	
Oktober	28. 924,3	3. 899,1	10	58,0	50%	2. 20,7°	8. 1,1°	[illegible]	24,6	[illegible]
November	9. 929,1	21. 896,6	12	72,9	69%	25. 17,4°	4. -5,0°	4,9°	18,7	[illegible]
Dezember	31. 927,4	8. 893,5	8	80,5	76%	5. 16,5°	23. -9,7°	-0,3°	11,2	[illegible]

Niederschlag 7/8 Sept n. 48,5 mm
28. Mai 47,1 mm   17. Sept. 40,9 mm
29. Aug. 38,9 mm

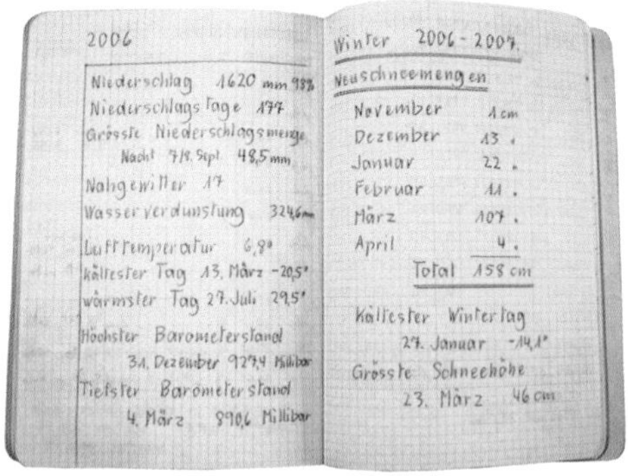

2006
Niederschlag 1620 mm 98%
Niederschlagstage 177
Grösste Niederschlagsmenge
Nacht 7/8. Sept. 48,5 mm
Nahgewitter 17
Wasserverdunstung 324,6 mm
Lufttemperatur 6,8°
kältester Tag 13. März -20,5°
wärmster Tag 27. Juli 29,5°
Höchster Barometerstand
31. Dezember 927,4 Millibar
Tiefster Barometerstand
4. März 890,6 Millibar

Winter 2006-2007
Neuschneemengen
November 1 cm
Dezember 13 .
Januar 22 .
Februar 11 .
März 107 .
April 4 .
Total 158 cm
Kältester Wintertag
27. Januar -14,1°
Grösste Schneehöhe
23. März 46 cm

von einem ganz konkreten Beispiel. Person A behauptet, es sei gute Sicht gewesen, der andere habe nur nicht richtig auf die Strasse geschaut. Person B widerspricht, das stimme nicht, es habe stark geschneit. Jetzt stellt sich die Frage, wer das nach mehreren Monaten noch weiss? Also kommen sie hierher und erkundigen sich, wie das Wetter am besagten Tag wirklich war. In diesem konkreten Fall konnte ich mit Sicherheit sagen, dass es stark schneite.

In einem anderen Fall wurde vor Jahren ein Toter aufgefunden. Man konnte den Toten identifizieren, weil er schon seit längerer Zeit gesucht wurde. Nicht sehr weit von hier lag er in einer kleinen Schlucht. Niemand wusste genau, was geschehen war oder weshalb er sterben musste. Das Opfer war ein Bursche von etwa 22 Jahren – ein tragischer Fall. Die Polizei interessierte sich nun für das genaue Wetter, denn sie kannte den Zeitpunkt des Verschwindens. Dank der Aufzeichnungen konnte ich feststellen, dass es zu dieser Zeit schneite und neblig war. Auf jeden Fall lag zum gefragten Zeitpunkt auch schon Schnee.

Für die Polizei war damit die Sache klar. Das Opfer sei vom Weg abgekommen und aufgrund von Erschöpfung und mangelnder Sicht in die Schlucht gefallen. Der Junge sei im Endeffekt nicht am Sturz gestorben, sondern an Erschöpfung. Er sei liegen geblieben, unterkühlt, und so gestorben. Etwa ein halbes Jahr später kam die Polizei mit dieser Frage zu mir.

Solche Dinge weiss nach sechs Monaten niemand mehr. Wenn man in die Runde fragt, wie das Wetter am 20. Januar war, kann keiner mit Bestimmtheit antworten. Man vergisst das Wetter, wenn das nicht per Zufall der Hochzeitstag war oder etwas Ähnliches. Sogar wenn ich das Weihnachtswetter abfragen würde, wüssten die meisten kaum Bescheid.

SPÜREN AUCH SIE DEN KLIMAWANDEL? WAS SAGEN SIE DAZU? Ich nehme ihn schon wahr, gerade wenn ich die Statistiken ansehe, wo die vielen Extreme der letzten Jahre auffallen: der heisseste Monat, der niederschlagsreichste Monat usw. In dem Sinn ist der Klimawandel für mich schon spürbar.

Meteorologische Zeichen, die von Bruder Konrad für die täglichen Wetteraufzeichnungen verwendet werden.

Schneeschauer 

starker Wind 

Wetteraufzeichnungen von Bruder Konrad

Glauben Sie, dass der Mensch einen Einfluss darauf hat? Der Mensch hat einen Einfluss. Was ich nicht ganz glaube ist aber, dass nur der Mensch verantwortlich ist. Da bin ich etwas vorsichtig, denn gerade weil ich so alte Beobachtungen studiert habe, weiss ich ganz genau, dass vor zwei-, drei- oder fünfhundert Jahren ähnliche Verhältnisse herrschten.

Und damals gab es weder Atomkraftwerke, Autos, noch Abgase im heutigen Sinn. Der Mensch verändert das Klima, aber nicht allein. Ich glaube einfach, dass noch andere, äussere Einflüsse mitverantwortlich sind. Etwas darf man aber nicht vergessen, das sage ich auch zu Wissenschaftlern: Im Endeffekt hat der Herrgott auch heute noch ein Wörtchen mitzureden, wenn es ums Wetter geht! Auch er hat es also in den Händen und kann mitbestimmen. Das Gebet für die Abwendung von Unwettern ist ganz sicher nicht umsonst. Dieser Einfluss muss auch berücksichtigt und anerkannt werden.

Können Sie die Zeichen der Natur inzwischen auch deuten? Ja, ich vergleiche meine eigenen Beobachtungen mit denen, die offiziell von MeteoSchweiz ausgestrahlt werden. Aber eigentliche Prognosen mache ich nicht, so weit bin ich noch nicht. In der Gärtnerei war es vor allem im Frühling wichtig festzustellen, ob es in der Nacht Frost geben wird oder nicht. So konnte man die empfindlichen Pflanzen frühzeitig zudecken.

Haben Sie gewisse Parallelen zwischen den Jahren feststellen können? Wiederholt sich das Wetter? Nein, eigentlich nicht. Es heisst im Volksmund zwar, dass sich das Wetter alle sieben Jahre wiederholt. Das konnte ich aber in meinen Chroniken nicht feststellen.

Was halten Sie von den Wetterpropheten? Was denken Sie von dem, was sie tun? Zwar lache ich hie und da über ihre Prognosen, aber erfahrungsgemäss trifft einer von ihnen immer ins Schwarze. Ich muss eingestehen, dass Tiere und teilweise Pflanzen auf jeden Fall so etwas wie eine Vorahnung von Ereignissen besitzen. Mit Hilfe dieser Zeichen wurde vor dem Winter 2008/2009 relativ gut vorausgesagt, dass früh viel Schnee fällt und dieser lange anhält.

Sturm Glatteis Strassen vereist Strassen mit vereister Schneedecke bedeckt

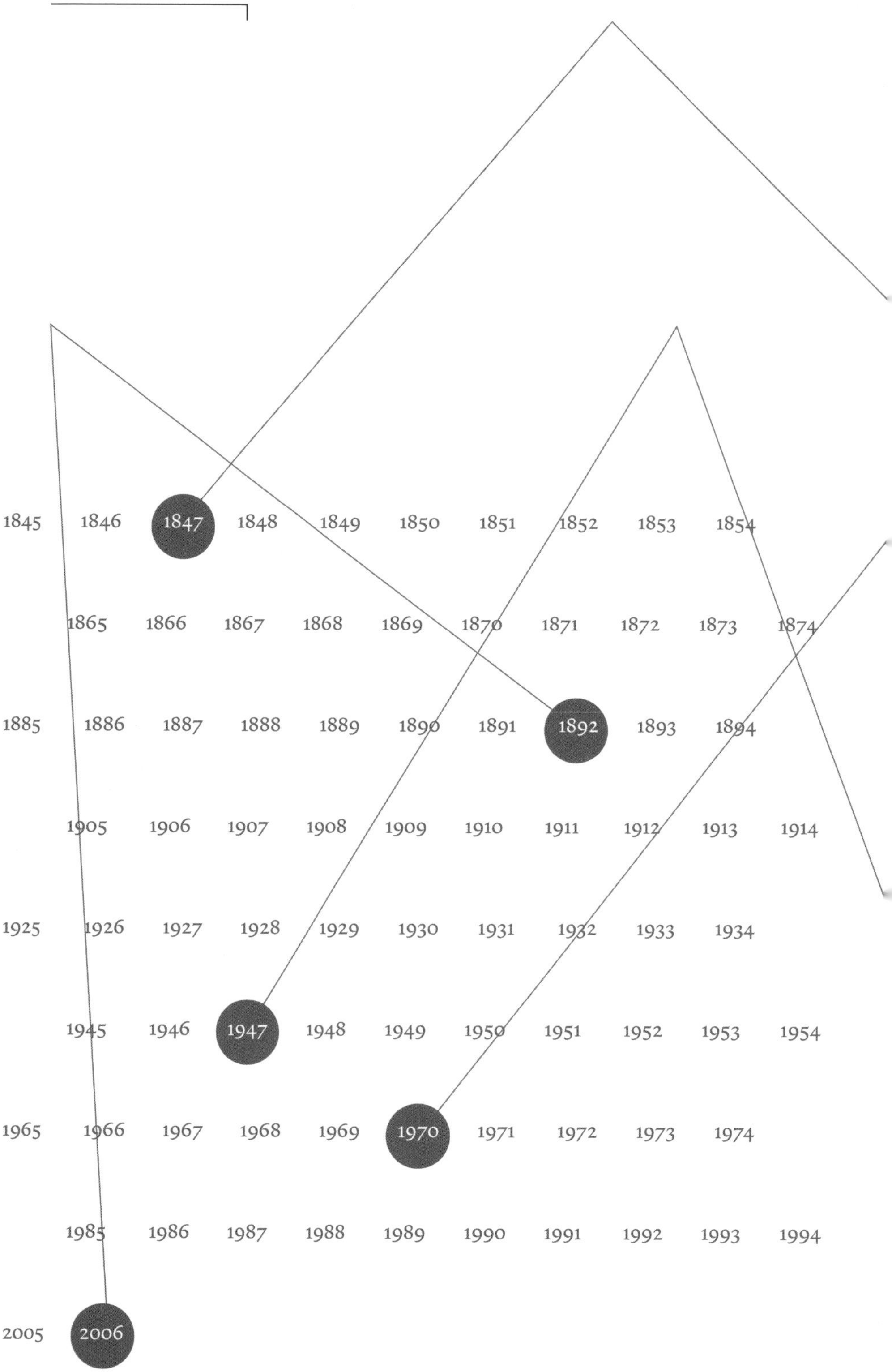
1845 1846 1847 1848 1849 1850 1851 1852 1853 1854
1865 1866 1867 1868 1869 1870 1871 1872 1873 1874
1885 1886 1887 1888 1889 1890 1891 1892 1893 1894
1905 1906 1907 1908 1909 1910 1911 1912 1913 1914
1925 1926 1927 1928 1929 1930 1931 1932 1933 1934
1945 1946 1947 1948 1949 1950 1951 1952 1953 1954
1965 1966 1967 1968 1969 1970 1971 1972 1973 1974
1985 1986 1987 1988 1989 1990 1991 1992 1993 1994
2005 2006

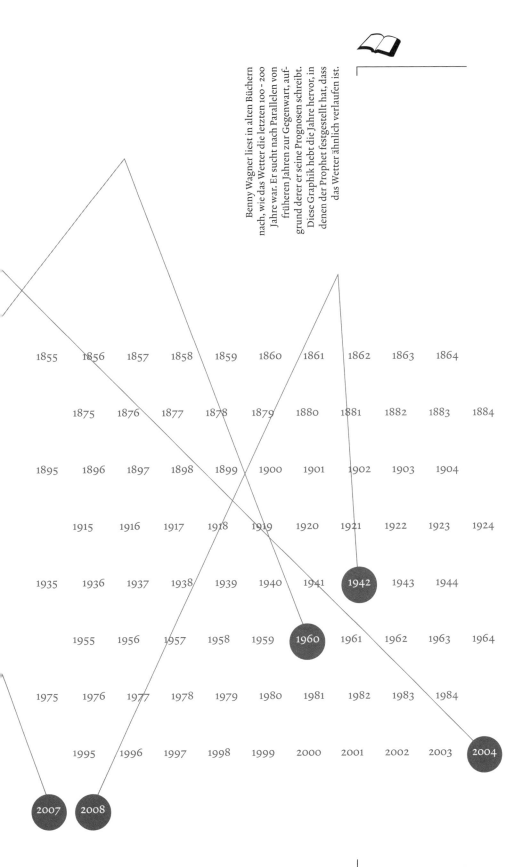

Benny Wagner liest in alten Büchern nach, wie das Wetter die letzten 100 - 200 Jahre war. Er sucht nach Parallelen von früheren Jahren zur Gegenwart, aufgrund derer er seine Prognosen schreibt. Diese Graphik hebt die Jahre hervor, in denen der Prophet festgestellt hat, dass das Wetter ähnlich verlaufen ist.

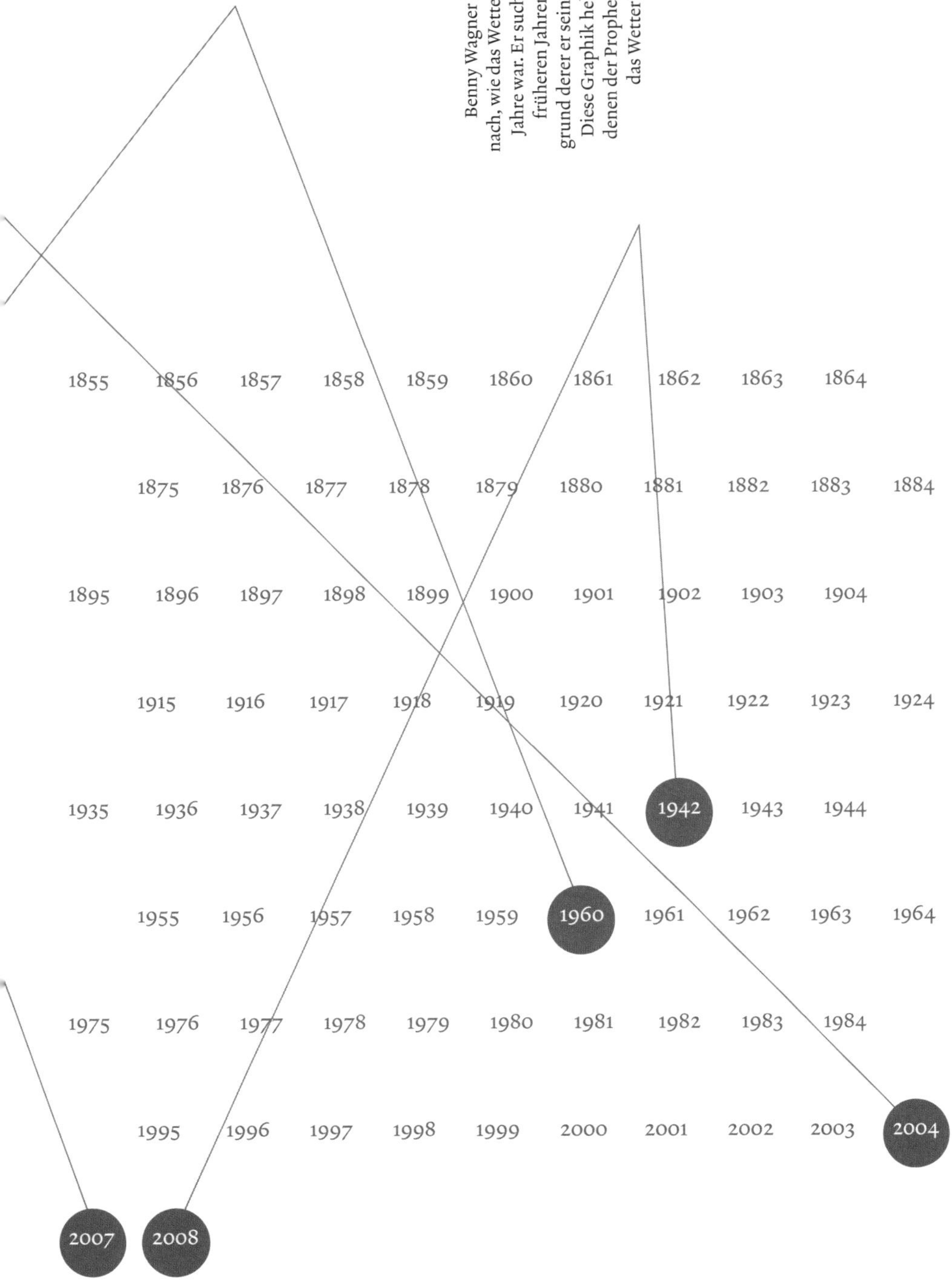

Tannzapfen Alois Holdener

Alois Holdener ist mit 55 Jahren einer der jüngsten Wetterpropheten. Er ist seit zehn Jahren aktiv. Der in Muotathal geborene Alois arbeitete jahrelang als Forstwirt. [50] S. 24 Heute lebt er am Wochenende in Schwyz[50] und während der Woche in St. Gallen mit seiner Partnerin, wo er als Fernleitungsmonteur arbeitet. Der Waldliebhaber trägt den Prophetennamen «Tannzapfen» aufgrund seiner intensiven Beobachtung der Tannen und der Tannenzapfen. Wir trafen uns an einem Tag Ende Februar in Schwyz, und er führte [51] S. 138 mich ca. tausend Meter hoch zum «Fusse der Mythen»[51], wo wir uns die Tannen und Tannenzapfen anschauten. Es war ein schöner, warmer und fast frühlingshafter Tag.

Warum bist du Wetterprophet geworden? Ich habe mich schon immer für das Wetter interessiert. Ich habe Forstwart gelernt, und da kam das automatisch. Die Stille und der Frieden im Wald animierten mich, das Wachstum der Bäume zu beobachten, und auch das Verhalten der Tiere interessierte mich. Ich lernte dabei, die Zeichen der Natur zu sehen. Da ich immer draussen arbeite, interessiert mich natürlich auch das Wettergeschehen. Ich bin ja auf das Wetter angewiesen.

Wie wird man Wetterprophet? Früher war ich mit der Tochter [52] S. 42 von Peter Suter[52] verheiratet. Damals habe ich den Peter immer gehänselt. Er verstehe nichts, oder?! Er ist nachher ein bisschen böse geworden und hat gesagt: Du kannst es ja auch probieren! So ist das gekommen. Im Verein war ich schon lange als Mitglied, aber nicht als Prophet. Später habe ich eine Prognose abgegeben. Aber ausser Konkurrenz! Und ich war ausser Konkurrenz der Zweitbeste. So kam es dazu.

Worauf achtest du besonders? Ich bin alle Tage draussen. Die Prognosen laufen nebenbei. Ich achte auf den Wald und die Tannenzapfen. Einfach auf die Natur. Wichtig ist, dass du weisst, wo Nord, Süd, Ost und West ist! Und woher der Wind kommt, dann kannst du auch das Wetter bestimmen. Du musst nur schauen, dann siehst du alles! Du musst mit den Augen stehlen, stehlen, so viel du kannst. Früher, als man das Barometer, das den Druck anzeigt, noch nicht hatte, benutzte man eine Grozli[53], um eine Aussage über den Luftdruck zu machen. Wenn ein Hoch oder ein Tief vorherrscht, ist der Druck entsprechend höher oder tiefer. Die Äste der Fichte, nicht die grünen, sondern unten die trockenen, die reagieren darauf. Die zeigen nach oben (Hochdruck) oder nach unten (Tiefdruck)[54]. Pflanzen, Bäume oder Tiere reagieren immer zuerst. Kommt schlechtes Wetter, dann reagieren sie schon vorab darauf. Sonst würden sie zugrunde gehen. Zum Beispiel, wenn der Wald früh blüht, dann wird es ziemlich sicher im Herbst früh schlechtes Wetter geben. Ein Baum oder ein Tier will, dass es sich fortpflanzt, damit der Fortbestand gesichert ist. Die Aussaat oder die Geburt richtet sich nach so was.

Wie erstellst du deine Prognosen? Wenn ich die Sommerprognose zusammenstelle, achte ich darauf, was im Winter läuft. Ich schaue, wann die Bäume ihre Früchte fallen lassen oder wie früh das Laub von den Bäumen fällt. Wenn das Laub früh im Herbst fällt, kommt meistens auch der Winter früher. Hat ein Baum noch viel Laub, wenn es stark schneit, dann drückt der Schnee ihn zu Boden. Das ist eine rechte Last. Ein Kubikmeter Schnee wiegt etwa 600 - 700 Kilogramm. Wenn er aber kein Laub hat und nur die Äste beschneit werden, ist das Gewicht nie so hoch, dass er brechen kann. Die Natur schützt sich selbst. Das Tier oder die Pflanze will ja überleben! Es heisst ja: Fressen und gefressen werden! Das ist so. Ich beobachte halt ein bisschen, trage das zusammen und mache dann eine Prognose. Speziell schaue ich auf den Tannenzapfen: Wann kommt er, wie früh, wie spät, wie schnell wächst er. Der Zapfen geht dann auf und verbreitet den Samen. Wenn viele Zapfen runterfallen, bereitet sich die Tanne meistens schon wieder auf die nächste Frucht vor. Gibt es viele Zapfen, dann wollen sich die Bäume stark vermehren. Sie produzieren mehr Samen, weil mehr von ihnen absterben werden. Auch beim einzelnen Baum kann man Unterschiede beobachten: Zum Beispiel gehen auf der südlichen Seite der Tanne mehr Zapfen auf, weil sie länger Sonne haben. Auf der nördlichen Seite gibt es dafür immer mehr Zapfen als auf der südlichen[55]. Letztes Jahr gab es ganz viele Tannenzapfen. Deswegen sagte ich, der kommende Sommer wird schlechter, schlechter als der letzte.

[53] Grozli: eine kleine Fichte

[54] S. 122

[55] S. 124

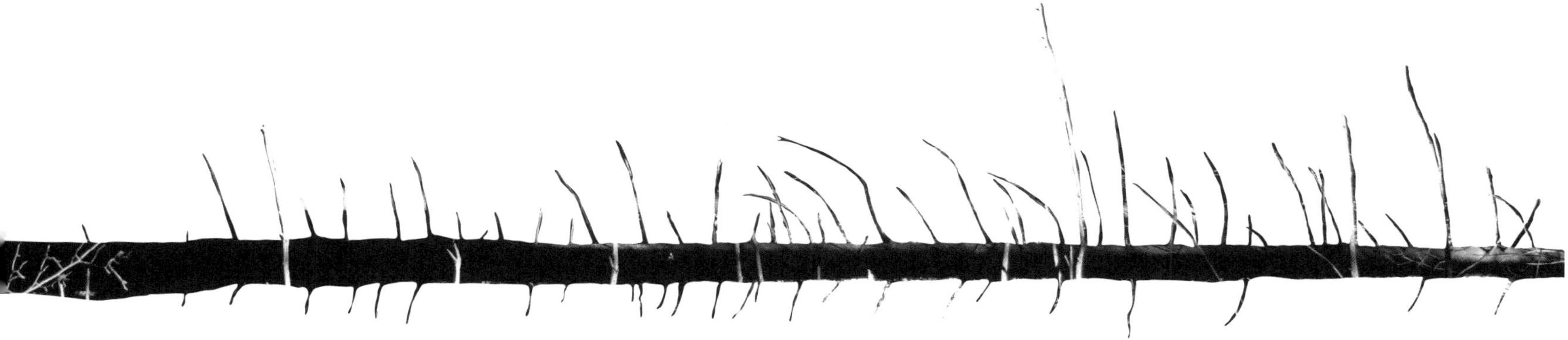

Die trockenen Äste von den Tannen reagieren auf die Luftfeuchtigkeit. Wenn sie nach unten zeigen, wie in der Abbildung rechts, zieht ein Tiefdruckgebiet auf. Zeigen sie wie in der Abbildung links nach oben, nähert sich ein Hochdruckgebiet.

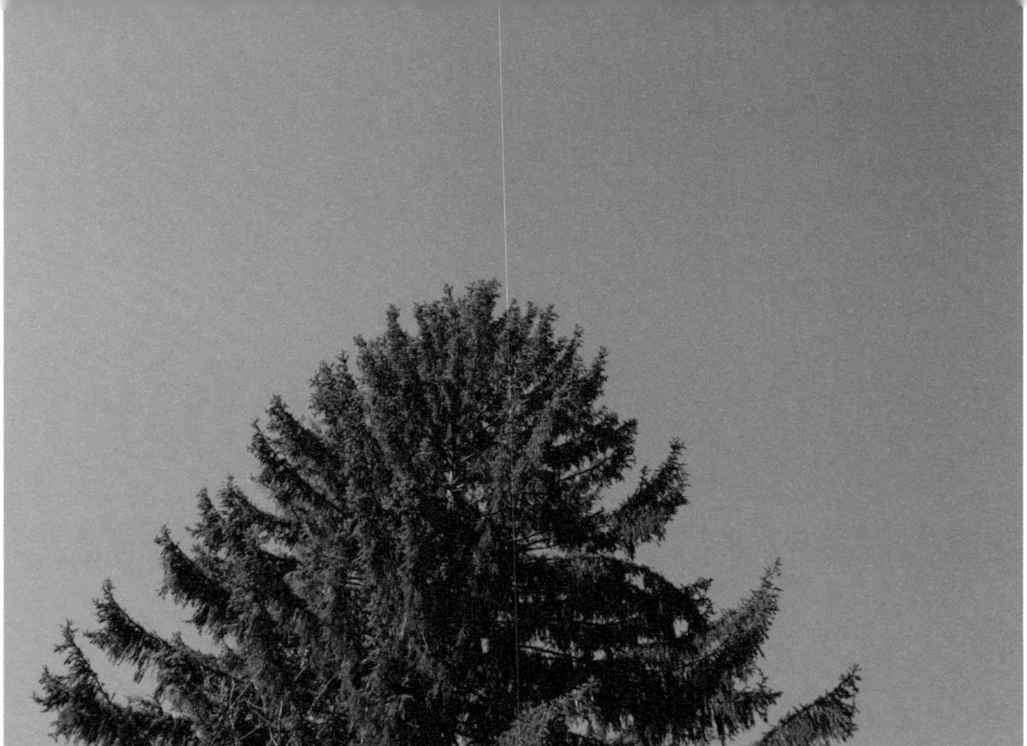

Auf der sonnenexponierten Seite gehen die Tannenzapfen durch die verstärkte Sonneneinstrahlung früher auf. Die Samen können sich zudem besser verteilen und sie fallen früher vom Baum. Und deswegen sind hier keine mehr zu sehen.

Auf der sonnenabgewandten Seite produziert die Tanne mehr Zapfen
als auf der südlichen Seite. Damit erhöht sich die Wahrscheinlichkeit, dass auch hier einige Zapfen ausreifen und sich der Samen verteilt.

56 S. 130 ER ZEIGT MIR EINEN TANNENZAPFEN[56]. Siehst du? An einer Stelle ist er dicker und an einer anderen dünner. Ich sage immer: Ein Zapfen ist ein halbes Jahr. Den Zapfen teile ich deshalb in sechs
57 S. 132 Abschnitte auf[57] – für jeden Monat einen. Das habe ich mir zurechtgelegt. Schlechtere Perioden wechseln mit besseren Perioden, und das überträgt sich immer auf die nächsten sechs Monate. Ist ein Zapfen an einer Stelle dick, dann gab es eine Gutwetter-Periode. Das ist so, als würde man lesen. Für meine Prognose heisst das: Der Mai ist dicker, der Juni ist dünner – also ist es im Mai schön. Der Juni wird dann wieder schlechter. Ich nehme immer viele Zapfen,
58 S. 134 und vergleiche sie[58]. Das ist wie ein Puzzle. Es kommt nicht nur auf den einzelnen Tannenzapfen an! Ich schaue immer, wie der Tannenzapfen sich im Laufe des Sommers entwickelt. Erst dann mache ich meine Prognose, und zudem nehme ich noch andere Beobachtungen mit hinein. Manchmal ändere ich meine Aussage kurz vorher, weil andere Faktoren mir wichtiger erscheinen.
WEISST DU, WIE DAS WETTER MORGEN (25.02.) WIRD? Morgen ist es sehr grau, föhnig, und es gibt mehr Wolken als heute. Das gilt auch für die nächsten Tage. Wenn es so heiter ist wie heute, dann ist das
59 S. 136 ein Zeichen dafür, dass ein Tief kommt[59]. Wenn das gute Wetter beständig ist und länger anhalten soll, dann ist es nicht so heiter wie heute. Das Licht ist ein anderes. (ER HATTE RECHT.)

ENDE APRIL TRAF ICH ALOIS NOCH MAL BEI DER GENERALVERSAMMLUNG. ER HATTE SEINE PROGNOSE GEÄNDERT: «MAI: DIE EISHEILIGEN GEHEN DIESES JAHR IN DIE FERIEN UND KOMMEN DAHER FRÜHER, DAS HEISST: 1. BIS 10. MEHRHEITLICH REGEN UND KÜHL.»

ZUVOR SAGTEST DU, DASS ES ANFANGS MAI SCHÖN WIRD, WARUM HAST DU DEINE PROGNOSE VERÄNDERT? Die Bäume, die treiben noch nicht so stark aus und die Vegetation ist noch nicht so fortgeschritten. Das heisst, dass die Natur eher noch abwartet.

Woher hast du dein Wissen? Das ist Erfahrung. Wenn ich den Wald beobachte, schaue, wie er wächst, dann denke ich: Das Wetter könnte so und so sein, oder aber so. Vielleicht liege ich falsch?! Das ist bei allem so. Wir sind ja Propheten. Wir prophezeien etwas. Wir sind Wetterpropheten, Frösche sind die in Zürich. Die vom Meteo, das sind die Frösche.

Verfolgst du den Wetterbericht im Radio oder Fernsehen? Ja sicher, immer. Jeden Tag, wenn ich Zeit habe.

Beziehst du das in deine Prognosen ein? Zum Teil schon. Ich achte sehr viel auf die Satellitenbilder und schaue mir die Strömungen an.

Hat deine Fähigkeit, das Wetter zu prophezeien, eine Bedeutung für dich im Alltag? Nein, ich habe es gerne lustig. Und wir sind ein lustiger Verein – alles liebe Leute. Ausserdem ist das Wetter immer populär, das interessiert jeden. Es macht einfach Spass, die Leute zu unterhalten. Und dazu kommt das eigene Interesse. Ich arbeite immer draussen und will ja wissen, ob es morgen regnet.

Gibt es jemanden, dem du dein Wissen übermittelst? Nein, noch nicht, ich bin ja noch jung, oder? Das kommt noch.

Was sagst du zum Klimawandel? Das hat es immer schon gegeben. Unser Leben ist ja verglichen mit dem der Natur sehr kurz! Du lebst 70 - 80 Jahre im Schnitt. Man überblickt nicht viel. Aber wenn man in den Chroniken nachschaut, dann stellt man fest, das hat es immer schon gegeben. Man muss nicht sagen, dass es ein Wandel ist. Es hat schon ganz milde Winter gegeben oder auch sehr kalte. Früher war das alles noch extremer. War das Wetter nicht gut, dann hat es Hungersnöte gegeben. Das war der Lauf der Natur. Dass es wärmer ist, das sehe ich auch, oder?! Aber es wird wieder mal andere Jahre geben, in denen es kühler sein wird. Die Gletscher waren in der Schweiz schon weiter zurück als jetzt. Das hat es alles schon gegeben. Aber wir vergleichen nur mit dem, was wir selbst erleben?! Das ist der Unterschied.

Alois untersucht den Tannenzapfen

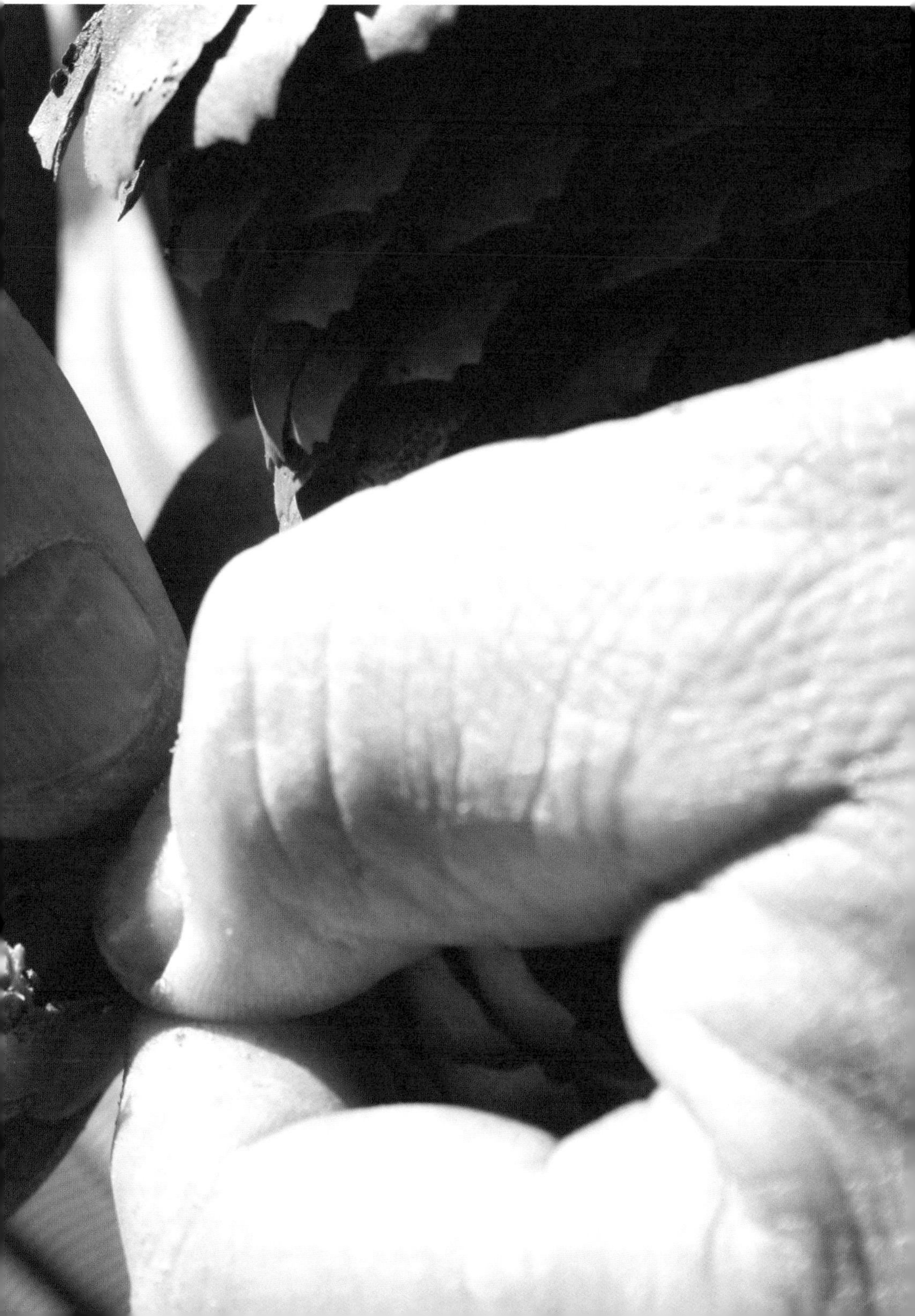

Alois untersucht den Tannenzapfen

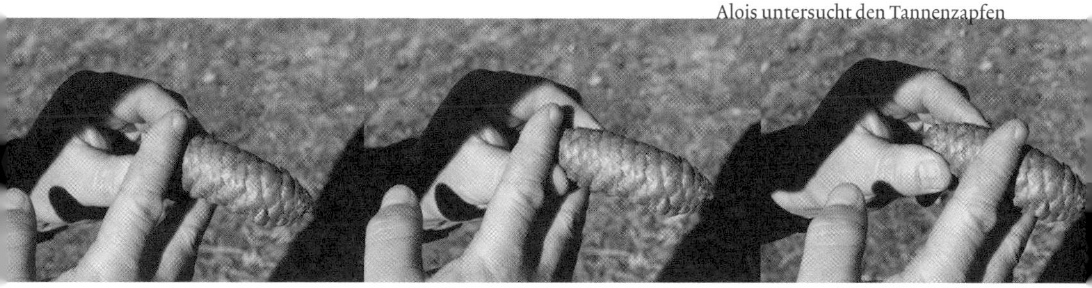

Mai

Juni

Juli

August

September

Oktober

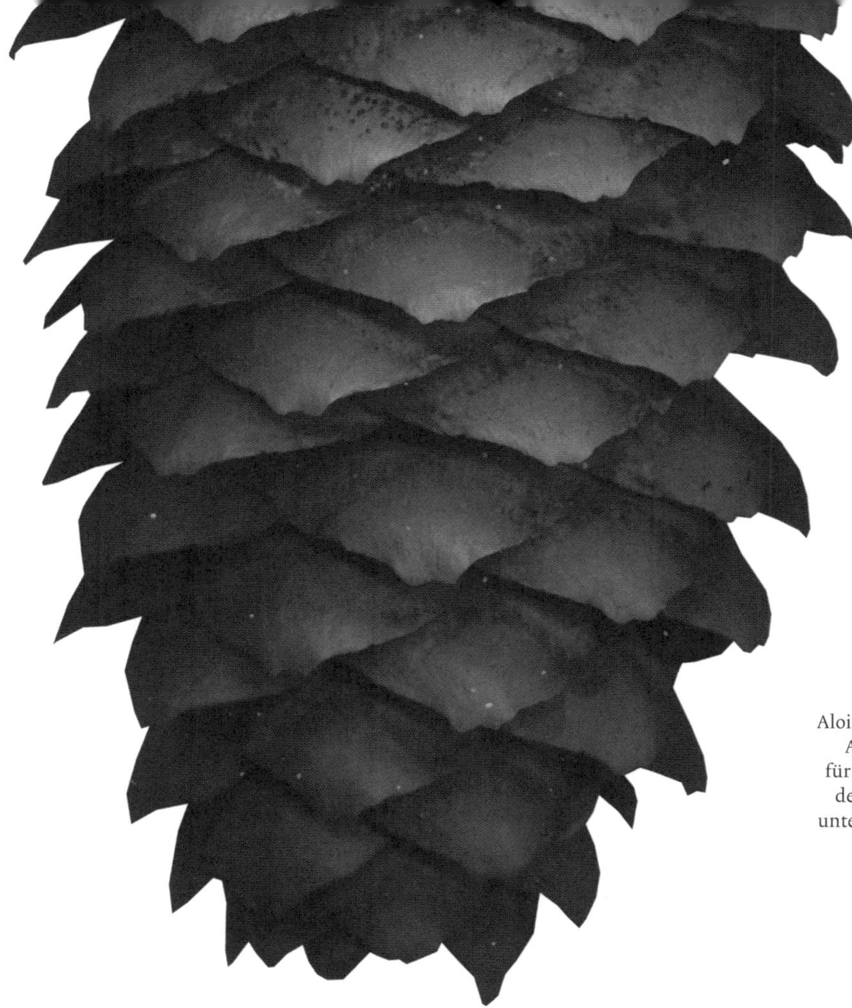

Alois Holdener teilt den Zapfen in sechs Abschnitte ein. Jeder Abschnitt steht für einen Monat. So kann er das Wetter des letzten halben Jahres ablesen: Der unterschiedliche Umfang der einzelnen Abschnitte weist auf eine Gut- oder Schlechtwetterperiode hin.

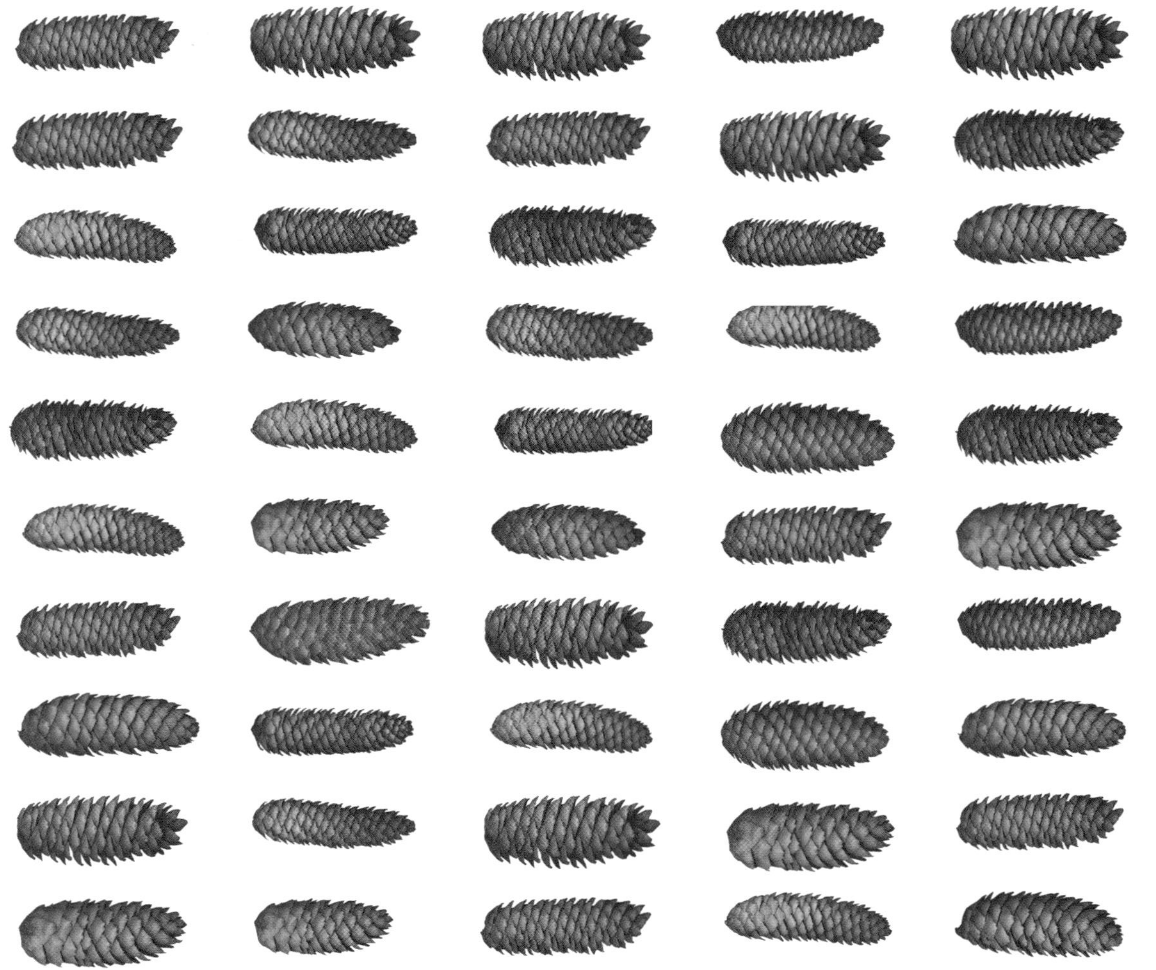

Um die Prognose für ein halbes
Jahr zu erstellen, nimmt
Alois nicht nur einen, sondern
ganz viele Tannenzapfen
und vergleicht sie miteinander.

Eine extrem klare Sicht bei gutem Wetter ist ein Zeichen dafür, dass sich in den nächsten Tagen das Wetter

verschlechtern wird. Bei einer leicht trüben Sicht bleibt das Wetter gut.

Mythenwald, Schwyz

grosser Mythen im Nebel

grosser Mythen im Nebel

Musers Martin Holdener

[60] Musers: Mäusejäger

Martin Holdener, auch «Musers»[60] genannt, ist seit 10 Jahren Wetterprophet. Die Feldmäuse, sein Spezialgebiet, sieht der 48-jährige Landwirt fast täglich bei seiner Arbeit. Martin lebt mit seiner Familie ein zufriedenes Leben in Haggen bei Schwyz[61] fernab vom Trubel der Stadt.

[61] S. 24

Wie kam es dazu, dass du Wetterprophet wurdest? Ich konnte nachrücken, als ein Wetterprophet altershalber zurückgetreten ist. Ich war ein Jahr lang Stift[62] und musste beweisen, ob ich gut bin oder nicht. Danach wurde ich definitiv aufgenommen.

[62] Stift: veraltete Bezeichnung für Auszubildender

Womit beschäftigst du dich als Wetterprophet? Mit den Feldmäusen. Ich beobachte, ob sie tätig sind oder nicht, ob sie viele Junge haben oder weniger, ob sie viele Erdhaufen aufwerfen, ob sie ein schönes Fell haben oder ein weiches Fell usw.

Woher hast du dieses Wissen? Der Vater ist Feldmäuser. Er fängt die Mäuse. Das ist sein Nebenberuf. Deshalb hatten wir immer viel mit Mäusen zu tun und daher kommt auch mein Wissen, was die Mäuse anbelangt. Ich habe erkannt, dass sie stark auf das Wetter reagieren. Je nach Witterung bewegen sie sich mehr oder weniger, sind ruhig oder nicht. Wenn das Wetter gut ist, sind sie ruhig. Sobald sie aktiv werden, gibt es einen Wetterumschwung[63]. Im Sommer zeigen sie mir dadurch an, dass das Wetter schlecht wird, denn bevor das Wetter umschlägt, bauen sie frische Erdtunnel und kommen näher an die Oberfläche. Sie folgen ihrem Instinkt. Sie müssen frische Tunnel bauen, um an die Wurzeln der Pflanzen zu kommen. Es geht ihnen darum, einen Vorrat für das schlechte Wetter anzulegen. Im Winter oder wenn es auf den Frühling zugeht, kann ihr Verhalten darauf hinweisen, dass eine Wärmeperiode bevorsteht. Wenn der Boden dreissig Zentimeter tief gefroren ist, dann ist der Wurzelbestand gleich null. Da verhungern sie oder machen einen Winterschlaf. Wenn das Wachstum der Pflanzen aber wieder einsetzt, dann kommen sie auch raus. Mit dem Erdhaufen geben sie sich zu erkennen. Sie graben sich einen neuen Tunnel, um besser auf Futtersuche gehen zu können.

[63] S. 152

Er zeigt mir einen Maulwurfshaufen. Dieser Haufen hier ist von einem Maulwurf. Ein Maulwurfshaufen ist für die Vorhersage des Wetters gut geeignet. Wenn die Feldmaus wütet, sind die Erdhaufen kleiner[64]. Werfen die Maulwürfe viel Erde auf, dann kommt in etwa ein bis zwei Tagen Regen. Das Radio hatte für diesen Donnerstagmittag[65] gutes Wetter vorausgesagt. Aber wenn ich mir einen Erdhaufen wie diesen ansehe, kann ich vorhersagen, nein, es regnet den ganzen Tag. Was auch der Fall war. Als Landwirt habe ich sie täglich vor Augen! Im Winter arbeiten wir im Wald und im Sommer auf den Wiesen. Nebenbei kann man sie beobachten: Eigentlich immer, wenn man die Wiese mäht oder wenn man das Heu zusammennimmt.

Was sagt das Fell der Mäuse über das Wetter aus? Mein Vater fängt die Mäuse, und dann schaue ich sie mir an. Wenn sie im Herbst dick sind, sich einen richtigen Wintervorrat angefressen haben und ihr Fell glänzt, dann kann man daraus auf einen längeren und kalten Winter schliessen. Sind sie nicht dick, dann kann man davon ausgehen, dass sie nicht viele Vorräte angesammelt haben und der Winter mild werden wird[66]. Dann kommt es auch noch darauf an, ob sie viele Junge haben. Wenn sie viele Junge haben, das ist ein interessantes Phänomen, dann bildet sich der Schwanz der Tiere zurück. Haben sie wenig Nachwuchs, ist er eher länger. Und wenn sie viele Junge haben, dann ist das auch ein Zeichen dafür, dass ein strenger Winter[67] bevorsteht. Bis zum Frühling, da gehen ja immer – das ist von der Natur so eingerichtet – viele von ihnen ein. Damit sie nicht aussterben, haben sie in den Zeiten, wo viele von ihnen eingehen, mehr Junge. Ist der Sommer beständig, und es gibt eine lange Schönwetterperiode, wie im Sommer 2003 oder 2005, verhalten sich die Mäuse sehr ruhig. Da haben sie auch weniger Junge. Sie haben nicht im Sinn, sich gross fortzupflanzen. Es ist nicht nötig. Vor einem guten Sommer verhalten sie sich ebenfalls ruhig und haben wenig Junge. Ist der Sommer schlecht, sind sie aktiver und die Population steigt. Dann ist nach einer Weile die ganze Wiese bevölkert.

[64] S.158

[65] Donnerstag, der 21.02.08

[66] S. 154

[67] S. 156

Sommer

Wenn im Sommer die Mäuse ihre Erdhaufen hinaufstossen, ist das ein Zeichen dafür, dass das Wetter die nächsten Tage schlechter werden wird.

Wenn sich die Mäuse im Winter, nach einer längeren Kältephase, durch ihre Erdhaufen an der Erdoberfläche zeigen, ist dies ein Zeichen dafür, dass es milder und schöner werden wird.

Winter

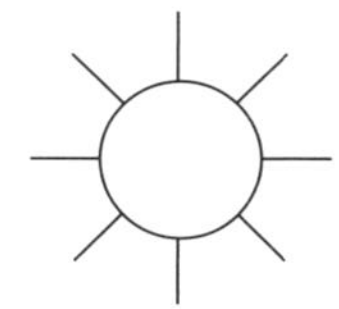

kalter langer Winter

Eine dicke Maus im Herbst signalisiert einen langen und kalten Winter – sie hat sich einen Wintervorrat angefressen.

milder Winter

Wenn die Feldmaus im Herbst nicht dick ist, bedeutet dies, dass der Winter nicht allzu kalt werden wird.

kühler regenreicher Sommer

schöner Sommer

Beim Betrachten der Mäuse im Frühling achtet Martin Holdener darauf, wie viele Junge die Mäuse haben. Wenn sie viele Junge haben, bleibt auch der Schwanz kurz. Das wiederrum ist ein Zeichen für einen kühlen regenreichen Sommer. Wenn sie wenig Junge bekommen, entwickelt sich der Schwanz besser und wird länger. Es wird einen schönen und warmen Sommer geben.

Prophet M. Holdener

Maulwurfshügel

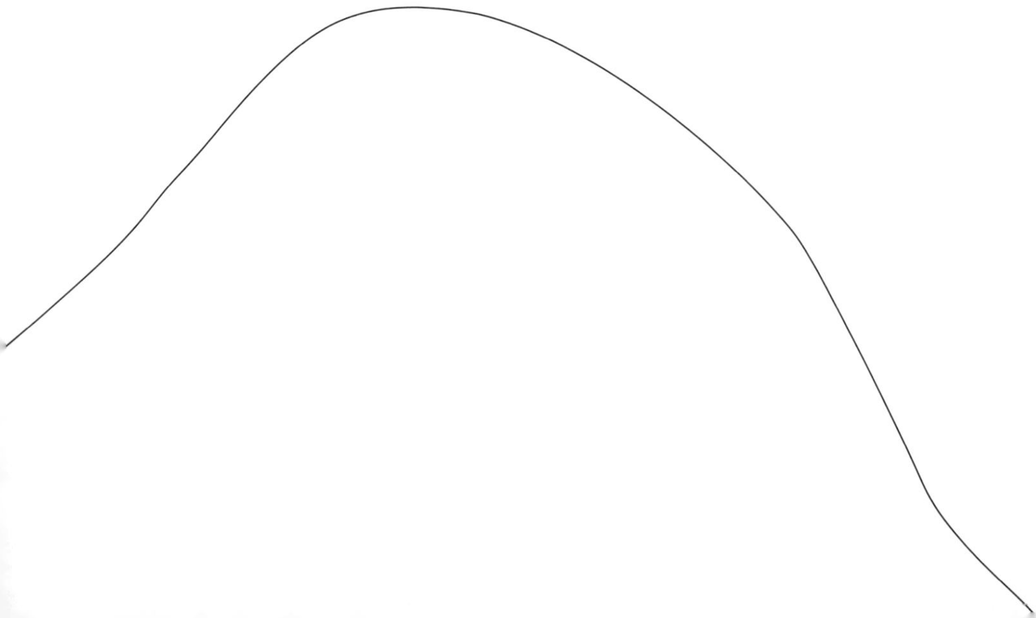

Regenwurmhügel
Feldmaushügel

Im Herbst 2007 haben sie beispielsweise viele Gänge gebaut. Sie haben auf den Wiesen wahnsinnig viele Erdhaufen aufgeschüttet. Das waren Anzeichen dafür, dass es früh Schnee gibt und dass der Schnee länger bleibt. Sobald der erste Schnee wieder weg war, haben sie sich nicht mehr gross gemeldet. Sie haben sich ruhig verhalten. Daraus habe ich geschlossen, dass es in diesem Winter nicht mehr viel Schnee geben wird, dass es ruhig bleibt und eine längere Phase beständigen Wetters bevorsteht, und so ist es eigentlich auch gewesen. Und die Regenwürmer gibt es ja auch noch. Der Regenwurm baut sich im Herbst, so ab September oder Oktober, seine Gänge für den Winter. Im letzten Herbst hat man viele Regenwürmer gesehen, das heisst, sie hielten sich in den höheren Schichten auf. Wenn sie in
68 S. 159
dieser Zeit viel Erde heraufbringen[68] – das ist ganz fein gemahlene Erde, die richtig an den Schuhen kleben bleibt – dann gibt es keinen besonders kalten Winter. Wird der Winter streng, graben sie sich, weil sie so besser vor der Kälte geschützt sind, tiefer in die Erde ein.

Verfolgst du den Wetterbericht im Radio oder Fernsehen?

Ich verfolge schon den Wetterbericht. Ich höre mir an, woher das Hoch oder das Tief kommt. Kommt es beispielsweise von Norden her? Oder was für ein Wind wird angesagt? Und dann leite ich mir davon mein eigenes Wetterbild ab. Die Beobachtung der Mäuse und Regenwürmer, das ist ein Teil, er fliesst zu, sagen wir, 50 Prozent in meine Prognosen ein. Jetzt im Herbst, im Oktober oder November, kommt zu einer gewissen Zeit ein ganz bestimmter Wind auf. Dieser Wind beeinflusst das ganze Winterwetter. Er lässt zwischendurch auch andere rein, die können auch etwas bewirken, aber in der Hauptsache bestimmt dieser Wind das Wetter. Letztes Jahr war der Föhn den ganzen Sommer nicht da. Ein ganzes Jahr lang war der Föhn praktisch nicht zu spüren. Im November kam er plötzlich und hat den ersten Schnee innerhalb von drei Tagen schmelzen lassen. Er kam ziemlich stark rein. Das ist ein Zeichen dafür, dass
69 S. 166
der Südwind, der Föhn, den Winter bis Ende März[69] bestimmt. Im April kann er einen Tag oder zwei gehen, aber im Mai kommt er

meistens wieder. Er ist diesen Winter sehr dominant, deshalb haben wir immer dieses beständige Wetter. Er verdrängt die kalte Luft, den Nordwind, und hält ihn fern. Es kann schon mal sein, dass der Föhn nachlässt, und der Westwind kommt rein. Diese zwei sind eigentlich diesen Winter dominant gewesen.

Der Westwind[70] bringt immer viel Sonnenschein, aber auch viel Bewölkung. Herrscht er vor, dann passiert es nicht, dass es den ganzen Tag nur regnet. Es reisst immer wieder auf, und Regen und Sonne wechseln sich stundenweise ab. Bei Südwind gibt es eigentlich immer schönes Wetter. Der Nordwestwind bringt eine gewisse Kälte mit sich, es ist keine Extremkälte, aber die Luft ist sehr feucht. Diese Wetterlage bringt in der Schweiz, in unserer Gegend, immer den meisten Schnee. Bei Nordostwind, ein eher kalter trockener Wind, ist wenig Niederschlag zu erwarten, aber es kann einen Kälteeinbruch geben. Der Ostwind bringt trockene kalte Luft. Diese Wetterlage führt in der Schweiz nie zu grossen Schneemengen: zehn bis höchstens zwanzig Zentimeter Schnee, mehr ist es selten. Das ist dann ein trockener Schnee, und die Luft trocknet auch schnell ab. Er kann aber auch keinen Regen oder überhaupt keinen Schnee mit sich führen.

70 S. 168

WIE ERSTELLST DU DEINE PROGNOSEN? Das Wissen und was einem der Bauch sagt – beides ist wichtig. Wenn man hier oben[71] wohnt, hat man einen weiten Blick. Ich sehe ins Flachland, ich sehe die Berge, ich sehe das Gewölk, wie es hängt, wohin es zieht, und ich kann die Winde sehr gut beobachten. Man ist mit alledem aufgewachsen, und ein gewisses Interesse muss man schon auch haben. Ich finde das halt alles sehr interessant. Es geht zwar nicht immer auf. Aber das ist ja das Schöne an der Natur. Sie hat ihre eigenen Gesetze. Und genau berechnen kann man sie nicht.

71 S. 170

WIE LANGE MACHST DU DAS SCHON? Das Wetter prophezeie ich eigentlich von jeher. Wenn man Landwirt ist, hat der Alltag mit dem Wetter zu tun. Das ist unser Leben. Wenn man das Heu mäht, muss man wissen, wie das Wetter wird. Da wo ich wohne, geht man sonntags in die Kirche, und dort wird nachher über das Wetter diskutiert. Das ist eigentlich das Hauptthema, da wird automatisch drüber geredet. Man hört Dinge, die die Eltern schon gesagt oder beobachtet haben. Davon nimmt man das Beste heraus, das, was einem so entspricht, und dann macht man sich sein eigenes Bild. Was denkst du über den durch den Menschen verursachten Klimawandel? Den Klimawandel hat es immer schon gegeben, und der Mensch ist ja gegenwärtig ein wenig blöde, oder? Es geht um Politik, und es wird auch Geld gemacht mit dem Klimawandel. Der Mensch hatte schon immer grosse Mühe, sich an die Natur anzupassen. Aber die Natur ist immer gerecht. Das Wetter ist ja so, wie es jetzt ist, traumhaft. Wenn es wärmer wird, dann ist das ein Vorgang, der sich über hundert oder hundertfünfundzwanzig Jahre hinzieht. Nimmt die Temperatur zu, dann gibt es danach wieder Phasen, wo sie zurückgeht. Seit es den Menschen auf der Welt gibt, stellt er irgendwelche Berechnungen an. Heute leben wir ungefähr 80 Jahre. Das ist die Lebenserwartung bei Frauen. Männer leben, glaube ich, im Schnitt 72 bis 73 Jahre. Damit sind wir, umgerechnet auf das Alter der Welt, 2,5 Sekunden auf der Welt. Und in 2,5 Sekunden meinen wir, wir könnten das Klima verändern oder beeinflussen? Das geht nicht! Von Menschenhand wird das Wetter nicht beeinflusst. Ein Vulkanausbruch kann das bewirken. Das, was wir da verpuffen, das kann der Natur nichts antun. Und die Klimaveränderung, die hat es vor Hunderten, vor Tausenden Jahren schon gegeben. Vor tausend Jahren lebten beispielsweise viel weniger Menschen. Die mussten das Wetter nehmen, wie es war, und sie konnten es! Es gab gar keine andere Möglichkeit. Und das Wetter war oft extrem. Wie kann das sein? Autos fuhren keine, verbrannt wurde fast überhaupt nichts. Es gab vielleicht da und dort, wenn es trocken war, Waldbrände. So wie heute noch in Griechenland. Jetzt meint man auf einmal, dass jede Veränderung vom Menschen ausgeht. Denen, die das sagen, geht es zuletzt ums Geld und um Politik. Das ist das Schlimme. Die Multifunktionäre, die Industriellen, die wollen uns zwingen, dass wir, die kleinen Leute, auf die Natur aufpassen sollen und für sie alleine verantwortlich sind. Wir sollen kein Auto mehr haben, nichts mehr verpuffen, aber die Grossen, die machen das ja im riesigem Massstab, oder?! Die sollten sich erst mal selber in den Hintern kneifen.

BEI DER GENERALVERSAMMLUNG SPRACH ICH NOCHMALS MIT MARTIN HOLDENER.

KANNST DU MIR ANHAND EINES BEISPIELS AUS DER AKTUELLEN PROGNOSE ERKLÄREN, WIE DU ZU DIESER AUSSAGE GEKOMMEN BIST? Der August, der fällt dieses Jahr besser aus als in den beiden letzten Jahren. Da war der August jeweils der schlechteste Monat des Sommers. Dieses Jahr wird er besser. Im Januar, Februar war lange beständiges und extrem schönes Wetter. Das kam von den verschiedenen Winden, die sich ruhig verhalten haben. Im Januar und Februar haben der Föhn und der Westwind sich nicht ausgetobt. Sie waren da und haben auf eine ruhige und beständige Weise das schöne Wetter beherrscht. Sie mussten nicht kämpfen, sie hatten Frieden untereinander. Das ist ein Hinweis darauf, dass der August besser wird, der Juni aber nicht. Das gilt aber nicht jedes Jahr gleich. Das heisst nicht zwangsläufig, dass, wenn nächstes Jahr der Januar und Februar auch schön sind, der Juni wieder nass und der August

schön sein muss. Die Winde, die herrschen, die müssen in einem friedlichen Verhältnis zueinander stehen und miteinander spielen. Nur dann kann man das Wetter für einen bestimmten Monat festlegen. Im März und im April haben sich die beiden Winde praktisch einen Kampf geliefert. Der Föhn war stark, der Westwind war stark, und deshalb hatten wir dieses veränderliche und nasse Wetter.
Was hat deine Fähigkeit, das Wetter zu prophezeien, für eine Bedeutung für dich? Erstens geht es mir um das Kollegiale, um das Miteinander, das schätze ich sehr. Zudem ist es ein Teil unserer Kultur und gehört zu unserer Umgebung. Und mir gefällt es, unsere Talente und unser Wissen als Propheten der Öffentlichkeit nahebringen zu dürfen – auch vielen auswärtigen Leuten. Richtig aus dem Bauch heraus deine Meinung sagen, deinem Gefühl folgen, das ist einfach schön. Hinzu kommt das Gesellige und der Humor, mit dem wir die Sache angehen.
Also ist es mehr das Gesellschaftliche? Es ist nicht nur das Gesellschaftliche. Ich fühle mich mit der Landschaft verbunden, und was das Wetter angeht: Das ist hier ja einfach sehr interessant. Wir haben sehr unterschiedliches, manchmal extremes Wetter. Diese Kapriolen prägen uns auch ein bisschen. Das Wetter schlägt sich im Charakter der Leute nieder: So wie das Wetter ist, so sind auch

die Leute. Das nehmen wir mit Humor. Negative Sachen gibt es genug, oder? Die müssen wir nicht auch noch bringen. Bei unseren Versammlungen wollen wir positiv denken und den Menschen was geben. Es geht im Leben immer voran, mal gut, mal weniger gut, und doch findet man immer einen Weg. So wie heute Abend – wo man anschliessend nach Hause geht und auf eine Weise glücklich ist. Ich setze mein Talent so ein, dass die anderen Leute unterhalten werden und sich inspiriert fühlen. Sie beobachten, ist mein Eindruck, das Wetter auch wieder ganz anders. Und dadurch gehen die Bauernregeln und das Wissen weniger schnell verloren.

WARUM BIST DU WETTERPROPHET, WAS TREIBT DICH AN, DABEI ZU SEIN UND MITZUMACHEN? Es gibt für mich eigentlich nichts Interessanteres. Jeden Tag ist es anders. Ich kann es von mir aus auch tipptopp beobachten. Und es ist noch, so will ich sagen, eine heile Welt, und das reizt mich einfach! Ich lerne auch nie aus. Es kommt immer wieder was Neues dazu. Wenn man hier oben wohnt, auf dem Berghang, da ist die Natur manchmal rau, aber man hat ebenso viele schöne Zeiten. Man ist für sich, man kann tun und lassen, was man will, man ist nicht der Hektik der Stadt ausgesetzt, oder?! Man lebt anders mit der Natur, das ist einfach so. Man nimmt sie, wie es ist. Was Besseres gibt es nicht!

Prophet M. Holdener

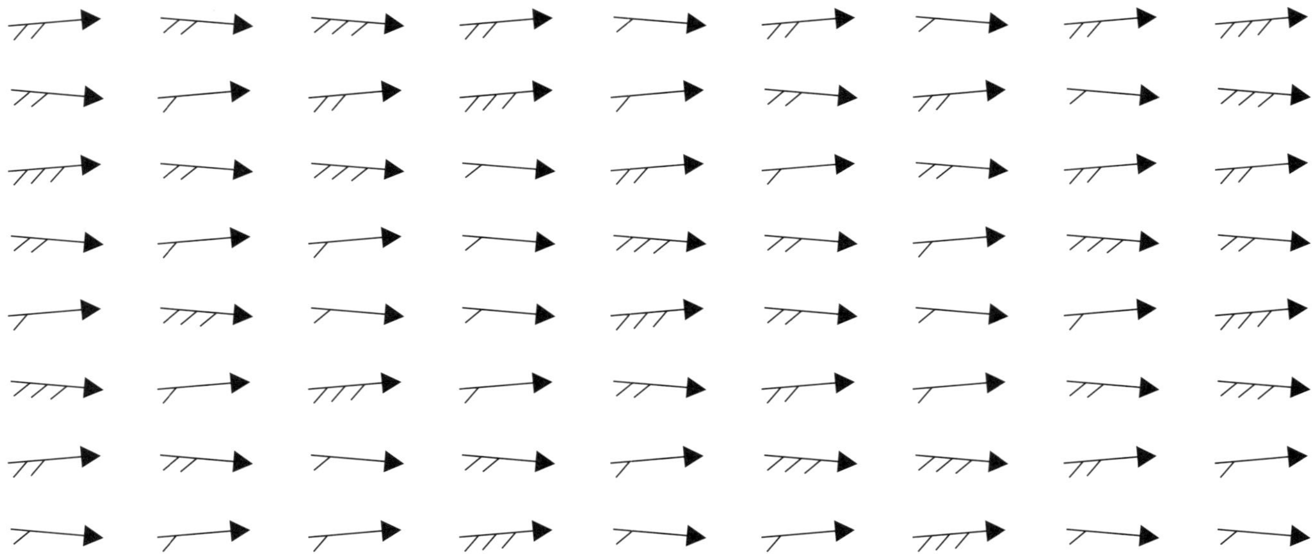

Im Oktober oder November taucht ein Wind auf, der bestimmend für den ganzen Winter wird. Im November 2007 wehte der Föhn (der Südwind) plötzlich in die Innerschweizer Region und liess den ersten Schnee schmelzen. Das weist darauf hin, dass der Südwind den ganzen Winter beherrschen wird – und zwar bis Ende März. Es ist aber möglich, dass zwischendurch der Wind auch mal auf Westen dreht, der Südwind aber bleibt dominant.

Juli
August
September
Oktober
November
Dezember

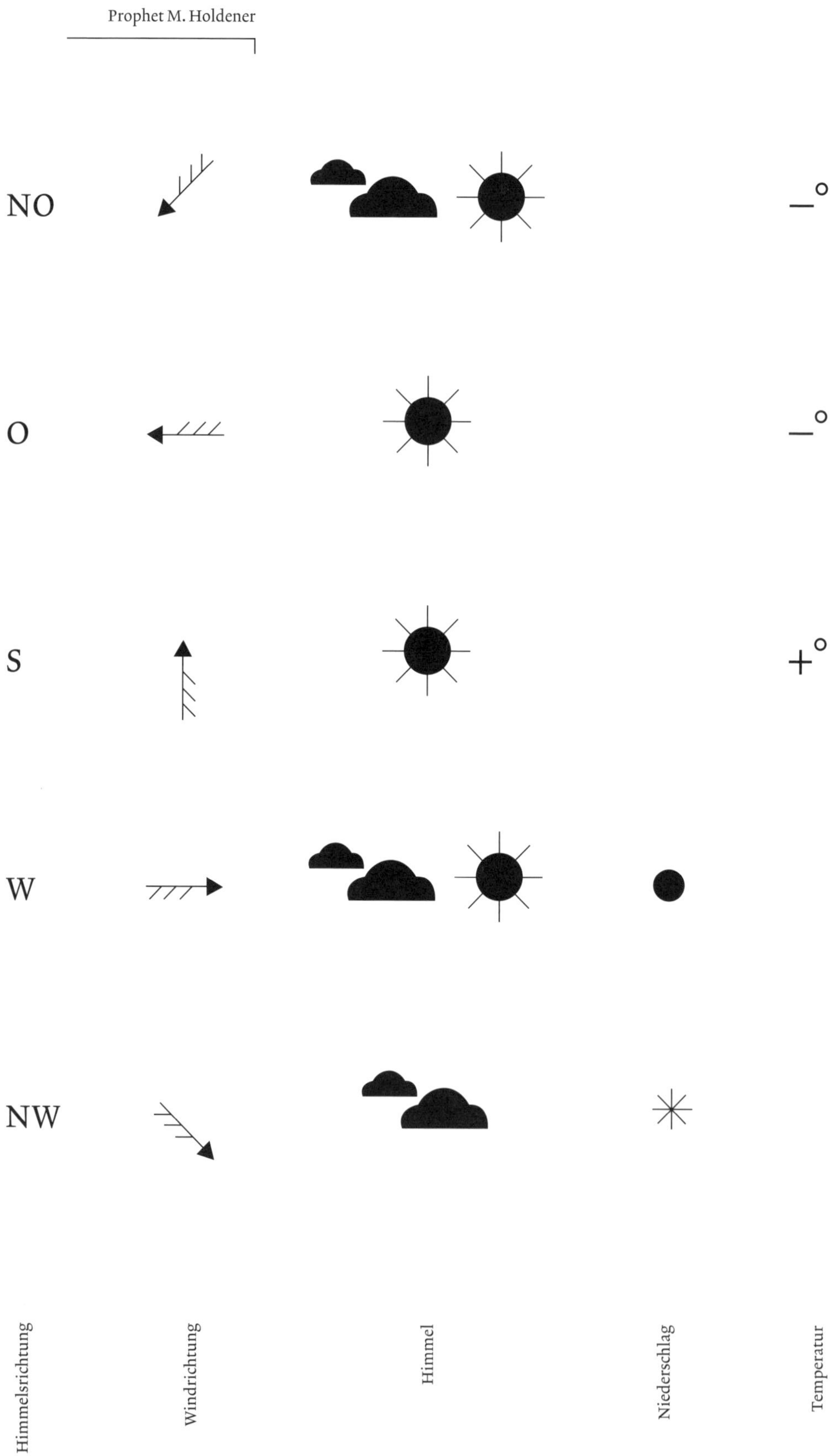
Prophet M. Holdener
NO
O
S
W
NW
Himmelsrichtung
Windrichtung
Himmel
Niederschlag
Temperatur

Der Nordostwind ist ein kalter trockener Wind, der wenig Niederschlag, aber Kälte mit sich bringt.

Der Ostwind bringt trockene kalte Luft und kaum Niederschläge mit sich.

Der Südwind (der Föhn) bringt nur schönes Wetter.

Der Westwind bringt viel Sonnenschein und viel Bewölkung. Regen und Sonnenschein wechseln sich stundenweise ab.

Der Nordwestwind bringt eine gewisse Kälte, feuchte Luft und die meisten Schneefälle für die Schweiz mit.

Haggen, Schwyz

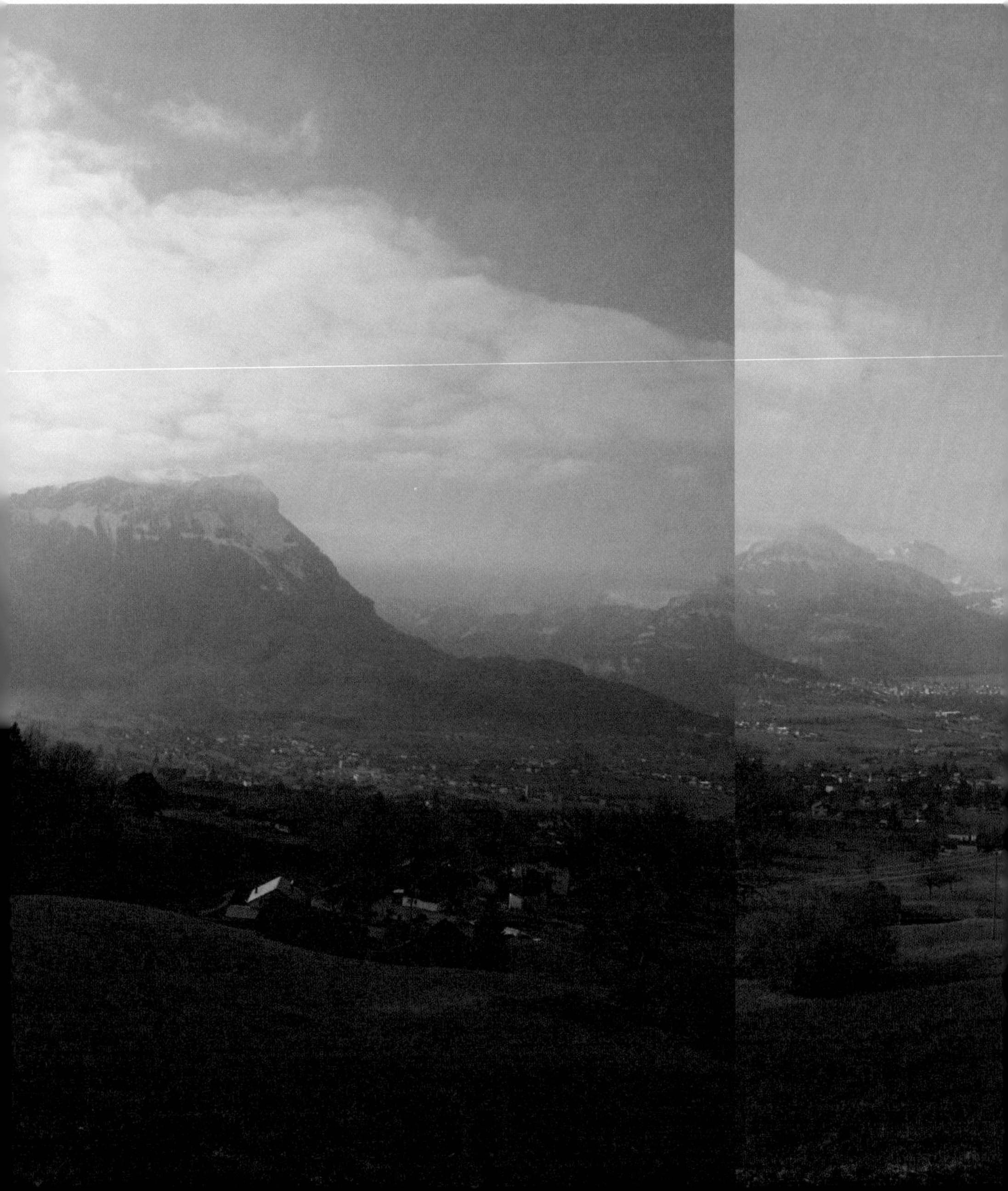

Haggen, Schwyz

WETTERPROGNOSE WINTER 2009/2010

Peter Suter

November: Anfangs bis Mitte: Der Schneemann wird im Tal sein Terrain abstecken und mit Reif den Winter ankündigen. Ab Mitte: Der Schneemann zieht sich wieder zurück mit schönen Tagen bis gegen Ende. Allerheiligen (1.) sonnig. «Lässt der November viele Füchse bellen, wird der Winter viel Schnee bestellen.»
Dezember: Anfangs schön. St. Niklaus kann die Wetterstiefel zu Hause lassen. Um Mitte veränderlich. Der Schneemann getraut sich fast nicht mehr ins Tal herunter. Die letzten 10 Tage werden die Wintersportler von der Sonne nicht braun. «Wenn's Christkindlein Regen weint, vier Wochen keine Sonne scheint.»
Januar: Anfangs schön. Im Tal über 10 Grad kalt. Weiter schön bis 20. Dem Schnee sonnenhalb geht es an den Kragen. Gegen Ende Regen und Schneefälle. «Ist der Januar warm, wird der reichste Bauer arm.»

Martin Holdener

November: Anfangs gar nicht so schlechtes Wetter, ideal zum Fremdgehen für die Mäuse. Um Mitte des Monats Föhn. Auf Ende regnerisch.
Dezember: Die ersten Tage bis zum 8. haben die Kläuse Mücken statt Schneeflocken in den Bärten, warm. Danach etwas Schnee und kühler. Auf Weihnacht bis Silvester wenig Schnee. Die Hälfte der Skiliftangestellten sieht man Golf spielen.
Januar: Kühl und Schneefall bis zum 10. Danach mit Hochnebel kühl bis zum 21. Auf Ende leichte Erwärmung mit wenig Schneefall.

Martin Horat

November: An Allerheiligen (1.) teilweise bewölkt und sonnig, nachts dunkel. Die ersten 14 Tage ist viel Niederschlag zu erwarten, hauptsächlich Regen. Zweite Hälfte Bodennebel.
Dezember: Bis Mitte einige Schneefälle. Vor Weihnachen ist Föhnwetter zu erwarten. Gegen Ende zu wenig Schnee in den Skigebieten, die Hoteliers und Wirte können nur mehr mit Wasser und Brot leben, weil ihnen ihr Einkommen fehlt.
Januar: Vor Mitte eher zu warm. Am St. Antoniustag (17.) Regen, darauffolgend Schnee. Der Januar bleibt bis zuletzt winterlich.

Karl Reichmuth

November: 1. bis 15. ist die Hälfte der Tage schön, aber raulüftig. Am Rütli-Schiessen ist für die Schützen ein kühler, aber trockener Tag zu erwarten. Von Mitte bis Ende des Monats an mehreren Tagen Bise, teils Nebel, Schnee nicht ausgeschlossen.
Christmonat: An den ersten Tagen gibt es eine Erwärmung mit Föhn. Um Mitte bis Ende ändert sich das Wetter und es gibt an mehreren Tagen Schneefall. Am Stefanstag (26.) schön, ideal für Skifahrer.
Jänner: Anfangs bis Mitte an mehreren Tagen kalt, wenig Niederschlag. Nach Mitte bis am 23. an einigen Tagen Schneefall. Danach wieder kalt, aber schön.

Alois Holdener

November: Vom 1. bis 12. werden Merz und Kumpel Ghadaffi wahrscheinlich mit den Wetterpropheten Bauernregeln lernen, da es viel schönes und mildes Wetter gibt. 13. bis 22. wird es feuchter und kühler, der Schneemann wird sich bis in tiefe Lagen herunterkämpfen.
Dezember: Die ersten 10 Tage werden recht schön und mild sein, mit Bodennebel. 11. bis 22. werden die Skiorte schon ein bisschen nervös, da der Schnee nicht kommt. Zu mild und zu schön. 23. bis 31. werden es die Holzverschürzer und Schneepflüger strenger haben, ziemlich kalt, teilweise Schneefall.
Januar: Die erste Hälfte kalt mit wenig Schnee. 16. bis Ende viel Hudelwetter mit Schnee und Regen. Dreikönige (6.) schön.

Benny Wagner

Es macht zwar sowieso, was er will, ist aber trotzdem das Gesprächsthema Nr. 1: Das Wetter.
November: Anfangs mild und schön, Martinisömmerli. Mitte Regen. Ende Schnee.
Dezember: Anfangs bis Mitte zu wenig kalt. Zweite Hälfte mit Schnee. Weihnachten weiss in den Bergen. Silvester ist Vollmond und jetzt kommt der grosse Schnee.
Januar: Anfangs viel Schnee. Ab 15. bis Ende Schnee, aber etwas wärmer. Dreikönige (6.) kalt.

Februar: Bis 10. veränderlich, Regen und Schneefälle. Um Mitte ideales trockenes Wetter für die Fasnächtler. Im letzten Drittel Wetter für Sonnenhungrige und Skifahrer. Sie können sich von der Sonne bräunen lassen. «Wenn's zu Lichtmess stürmt und tobt, der Bauer dieses Wetter lobt.»
März: Bis am 10. schöne Tage. Doch die Schneeflocken wirbeln weit hinunter um die Ohren. Bis am 25. zu schön, um an den sehr frühen Frühling zu glauben. Die restlichen Tage mehr bedeckt. «Märzen grün, soll man mit Holzschlegeln in den Boden schlagen.»
April: Anfangs wird Meister Winter durch kalte Bise und Schneefälle sich abmelden. Bis am 20. schöne warme Frühlingstage, dass die Mähmaschinen wieder rattern und das Vieh Tag und Nacht auf der Weide ist. Ostersonntag (4.) sonnig. «Mondschein im April schadet den Blüten viel.»
Zusammenfassung: Der Vorwinter wird veränderlich ausfallen. Mitte Winter und Nachwinter mit Schnee, viel ist es schön, wenn der Hochnebel nicht wäre. Frühling eher früh, so dass das Vieh im April im Tal auf der Weide ist.

Februar: Kalte Luft aus Norden und Osten mit Schneefall bis zum 6. Um die Haupttage der Fasnacht werden die Maschgraden mit ihren Röcken die Trottoirs pflügen, Schneefall. Auf Ende wärmer, Föhnphase.
März: 1. bis 8. wechselhaft. Danach frühlingshaft bis zum 21. Die Gartenterrassen sind voll von schönen Frauen. Auf Ende Schnee und Regen.
April: Vom 1. bis Ostermontag (5.) hüpfen die Osterhasen bei schönem Wetter über grüne Wiesen. Bis Mitte unlustig, dann kommt der Frühling bis zum 20.
Zusammenfassung: Der Winter wird nicht die grossen Schneemassen bringen und auch nicht zu kalt sein. Pech für die Pharmaindustrie, keine Schweinegrippe. Einen mittelfrühen Frühling. Wer glaubt, wird selig.

Februar: Bissig kalt, viele bekommen blaue Zungen, nicht nur die Kühe. Um den 15. herrliche Wintertage. Zwischen 20. und 28. wird ein Sturmtief eintreffen.
März: Anfangs mild, fast frühlingshaft. Die nächsten 10 Tage könnte es nochmals jämmerlich kalt werden. Ab Joseftag (19.) zuerst noch warm, aber dann winterliche Verhältnisse.
April: Fängt mit Bise an. Nachher 5 bis 6 Tage wärmer, die Plumpsscheissen werden stinken, das ist ein Zeichen für schlechtes Wetter bis zum 20.
Zusammenfassung: Der grösste Schnee kommt erst nach dem Neujahr bis Ende März. Der späte Frühling ist fast nicht zu erwarten.

Horner: Anfangs bis am 10. mehrheitlich kalt. Danach bis Ende eine leichte Erwärmung mit zum Teil Niederschlag, unten nass, oben Schnee. Aschermittwoch (17.) bewölkt.
März: Vom 1. bis 16. wechselhaft, in den höheren Lagen ziemlich schneereich. Josefstag (19.) wechselhaft. Danach bis Ende eine Schönwetterperiode, die uns eine kleine Erwärmung bringt.
April: Vom 1. bis 10. eher zu kalt für diese Jahreszeit, raulüftig. 11. bis 20. merklich wärmer mit Föhn. Am 15. schön.
Zusammenfassung: Den Vorwinter sehe ich folgendermassen: genügend Schnee und kalt. Der Frühling wird sich schon im März ankündigen, aber er muss noch manchen Rückschlag in Kauf nehmen.

Februar: Bis zur Fasnachtswoche am 10. recht schön und mit Föhn, zu mild. 11. bis 24. wird Milde und Regen dem Schnee weit hinauf das Grüne zeigen. 25. bis 28. wird es für die Skiorte recht schneereich.
März: Bis Mitte Bisenlage und neblig. 16. bis 31. mehr Tage unbeständig, immer wieder Regen und Schnee. Josefstag (19.) schön.
April: Bis am Ostermontag am 5. schön und mild. 6. bis 20. veränderliches Frühlingswetter. Da ich wahrscheinlich am Sonntag dem 18. meine Prognose schreiben werde, müsste ich schönes Wetter haben.
Zusammenfassung: Der Winter wird schneearm und zu mild. Der Frühling wird rechtzeitig ins Land ziehen.

Februar: Erste Hälfte kalt und Schnee. Valentinstag (14.) schön. Zweite Hälfte sonnig mit Nebelmeer.
März: Schönes Wetter, Seppitag (19.) schön. Zweite Hälfte sonnig, wie es die Skifahrer wünschen.
April: Die ersten 10 Tage mit Ostern schön. 10. bis 20. mehr Regen als schön. Karfreitag (2.) bedeckt.
Zusammenfassung: Der Vorwinter zu warm, um Weihnachten weiss. Frühling mit Schneeschmelze normal. Die Lauberhornrennen (13. Januar) werden mit wenig Schnee stattfinden.

Persönlichkeiten im Verein

Präsident Josef Bürgler

Josef Bürgler ist seit 2004 der Präsident des Meteorologischen Vereins Innerschwyz. Der aktive Hobbymaler übernimmt die Rolle des Organisators und Schlichters. Er lebt mit seiner Frau Margrith und seiner Familie im Dorf Illgau[72] bei Muotathal. Im Dorf ist er unter dem Namen «Alpengrüessler» bekannt. In dieser Gegend gibt es kaum Hausnummern, es gibt Hausnamen. Diesen Namen wählte das Ehepaar Bürgler aufgrund der Herkunft, beide haben früher weit oben auf dem Berg gewohnt.

[72] S. 24

Was macht ein Präsident? Nicht viel eigentlich. Ich muss Versammlungen führen und luege[73], dass alles funktioniert im Verein, organisieren und betreuen. Im Frühling und Herbst haben wir unsere Versammlungen. Vor allem aber muss ich viel telefonieren. Zwei bis drei Anrufe bekomme ich pro Woche, meistens Anfragen zu Vorträgen.

[73] luegen: schauen

Wer wählt den Präsidenten? Das haben die Wetterpropheten selbst entschieden. Der Präsident muss neutral sein. Früher war er einer von den Wetterpropheten, Peter Suter[74]. Aber damit es gerecht zugeht, hat man sich einen neutralen Präsidenten gewählt.

[74] S. 42

Was sagen die Leute über den Verein, über die Wetterpropheten? Die einen nehmen es ernsthafter, die anderen belächeln sie auch ein bisschen. Vor allem haben wir Mitglieder, die nicht unbedingt aus unserer Region sind. Wir haben in allen Kantonen Mitglieder, ja sogar in Deutschland. Wetterpropheten im eigenen Land sind nicht immer gefragt. Bei den Einheimischen haben wir halt keinen Exotenbonus.

WIE IST ES FÜR SIE? NEHMEN SIE ES ERNST, ODER IST ES MEHR SPASS?
Das Wetter nehmen wir ernst, aber mit Humor gespickt. Viele Leute wollen einfach eine lustige Generalversammlung erleben. Aber das Wetter selber, da streiten sie um jeden Punkt. Deshalb haben wir einen Pfarrer[75] bei uns, damit einer schlichten kann.

[75] S. 186

UND HABEN SIE SPASS DARAN, PRÄSIDENT ZU SEIN? Ja, ein bisschen schon. Ich muss sagen, die sechs sind Originale, mit allen Ecken und Kanten, aber das macht es erst interessant! Für mich ist das eine schöne Herausforderung.

SIE INTERESSIEREN SICH JA AUCH FÜRS WETTER, SCHAUEN SIE AUCH AUF DIE ZEICHEN DER NATUR? Nicht so viel. Ich muss gestehen, ich könnte das nicht. Ich stelle fest, in den Jahren, seit ich Präsident bin, dass die sechs wirklich mehr vom Wetter verstehen als normale Leute. Sie achten auf die Natur. Und der Natur kann man halt sehr viel abschauen. Ich schreibe täglich das Wetter auf, für die Bewertung der Propheten.

WIE KANN MAN DEM VEREIN ALS WETTERPROPHET BEITRETEN?
Normalerweise haben wir sechs Propheten. Wenn einer müde wird oder sehr alt, muss man schon überlegen, wer noch eintreten könnte. Sie müssen alle ein bisschen humoristisch sein, ein bisschen Originalität besitzen, und dann können sie das Wetter für den Zeitraum von sechs Monaten aufschreiben und bei uns abgeben, allerdings ausser Konkurrenz. Es braucht Mut, auf einer Generalversammlung seine Prognose vorzutragen. Liegen sie daneben mit der Prognose, werden sie natürlich auch belächelt. Die müssen einfach Kritik aushalten. Wenn man sieht, dass sie geeignet sind, dann werden

sie dem Verein als Wetterprophet vorgeschlagen. Es wollte auch einmal eine Frau als Prophetin eintreten, aber Frauen wollten die Wetterpropheten nicht. Sie sagen immer, sie leben im Zölibat. Das ist ein Spass (SCHMUNZELND). Aber Mitgliederinnen sind im Verein natürlich sehr willkommen.

WIE ERKLÄREN SIE SICH DEN AKTUELLEN ERFOLG DER WETTERPROPHETEN, DER AN DER HOHEN MITGLIEDERZAHL UND AM GROSSEN MEDIENINTERESSE FESTZUMACHEN IST? Ich denke schon, dass der Humor dazu beiträgt. Und unsere «Wätterschmöcker» sind Originale. Das Wetter ist ja für viele Leute interessant, für die Landwirtschaft und so weiter. Wir haben sehr unterschiedliche Mitglieder, vom kleinsten Bauer bis hin zum Arzt: Aus allen Schichten sind Leute dabei. Und wenn ich die Mitglieder frage, warum kommen so viele von euch an die Generalversammlung? Da sagen sie: «Die Welt ist so ernst, wir möchten einfach einen lustigen und gemütlichen Abend erleben.» Und das wird an der Generalversammlung geboten.

WAS FÜR EINE ROLLE ÜBERNIMMT DAS WETTER? Es gibt ja Stimmen

zu hören, die sagen, sie hätten nur noch den Humor im Kopf, das Wetter nicht mehr. Als Präsident muss ich darauf antworten, dass das nicht stimmt! Jeder will immer der Beste sein! Es sind alle voll auf das Wetter konzentriert, und sie nehmen das todernst, aber es wird einfach humorvoll zum Vortrag gebracht.
WAS HALTEN SIE VON DER KLIMAERWÄRMUNG? Wir sagen, es ist schon ein bisschen was dran, aber es wird unserer Meinung nach komplett übertrieben. Schon in alten Chroniken wird von Wetterperioden gesprochen, wo es ein bisschen wärmer war. Zeiten, wo die Gletscher schmelzen, dauern immer gut 36 bis 40 Jahre, dann wechselt das wieder. Das lässt sich nachweisen. Ich denke, viele Leute werden erleben, dass die Gletscher wieder wachsen. Ich finde es irgendwie logisch. Wir glauben, die Menschen können die Welt nicht kaputtmachen. Die Natur ist stärker. Da können Sie auch ältere Leute fragen. Die Natur, wenn sie zeigt, was sie will, dann rumort sie schon. Nichts kann die Natur steuern, dazu ist der Mensch immer noch nicht fähig, ich glaube, das ist auch besser so!

Früher, als es noch keine Strassen gab, mussten die Meldeläufer den Bauern das Wetter melden. Die Wetterpropheten teilten den Meldeläufern das Wetter mit und diese meldeten es den Bauern. Zu diesen Zeiten gab es kein Radio, kein Fernsehen und das Wetter wurde nicht publiziert. Die Meldeläufer hatten eine bedeutende Rolle in der Gemeinschaft. Peter Suter hat Zeiten erlebt, in denen die Meldeläufer aktiv waren. Die alte Tradition der Meldeläufer wurde vom Verein beibehalten. Es gibt zwei Läufer: Peter für die Berge und Robert fürs Tal. Die beiden mussten zwar noch nie ernsthaft melden, aber sie haben eine feste Position in dem Verein. Sie werden zwar öfters auf den Arm genommen und liebevoll gehänselt, nehmen es aber mit Humor.

Meldeläufer Robert & Peter

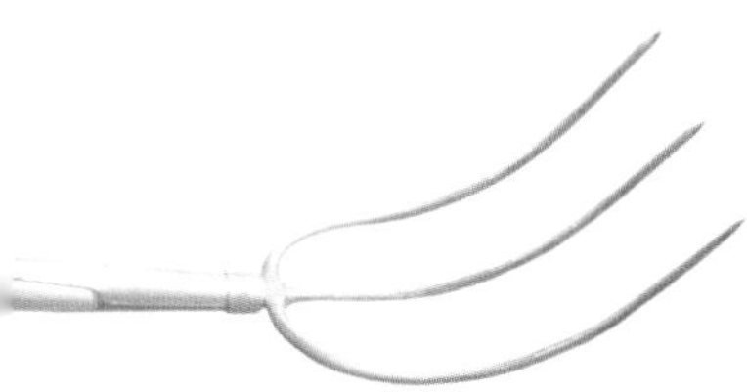

Meteorologischer Verein
Innerschwyz
A.VE

Pfarrer Alois von Euw

Der 87-jährige Pfarrer Alois von Euw ist Präsident der Jury. Seit über zwanzig Jahren ist er im Verein. Er übernimmt die Rolle des Schlichters und erteilt seinen Segen.

Warum haben die Wetterpropheten einen Pfarrer?
Ist einfach so, ich war immer dabei. Wir haben manchmal auch einen Gottesdienst zusammen, vorausgesetzt, die kommen dann auch. Ich habe den Wetterpropheten gesagt, sie können beichten, wenn sie gelogen haben. Es ist aber noch kein Einziger zum Beichten gekommen. Sie meinen, ich verlange ihnen zu viel Busse ab.
Wie kommt es, dass Sie Präsident der Jury sind?
Vor vielen Jahren hat es angefangen, vor ca. zwanzig Jahren. Ich war immer dabei und kannte die Leute gut. Ich habe mal ein Theaterstück geschrieben und aufgeführt. Im Stück spielen zwei Personen, der Petrus und sein Gehilfe. Zum Petrus sagen alle: «Schlechtes Wetter, das Wetter war schuld!» Da sagt Petrus: «Immer bin ich schuld, immer bin ich schuld. Ja gut, dann stell ich halt einen Kummerkasten auf, die Leute können ihre Wünsche reinlegen und so mache ich dann das Wetter.» Dann kommen die Wünsche, und einer wünscht sich das Gegenteil des anderen: z.B. der Skiklub, der möchte im Oktober schon Schnee haben. Eine alte Frau aber sagt: «Bitte keinen Schnee, ich bin ausgerutscht im letzten Winter.» Dann kommt noch die Regenschirmfabrik mit ihren Wünschen usw. Jeder will etwas anderes. Da sagt der Petrus: «Keinem kann ich es recht machen. Ja, was mache ich jetzt?» Schliesslich entscheidet er sich: «Ich schau mir mal die Prognosen der Wetterpropheten aus dem Muotatal an, und genau so mache ich dann in Zukunft das Wetter.»
Was denken Sie von dem, was die Wetterpropheten machen?
Ja, es ist schon gut. Aber ich halte es nicht für die letzte Weisheit oder ein Dogma, das absolut sicher ist. Es gibt so vieles heute, das das Wetter mit beeinflusst, etwa die Luftverschmutzung und die Erwärmung.
Glauben Sie an den aktuellen Klimawandel?
Es hat schon immer Katastrophenjahre gegeben.
Hat der Mensch denn Einfluss auf den Klimawandel?
Durch gewisse Abgase, den Autoverkehr usw., ja schon.

Region Schwyz

Hochstuckli, Mostelberg

Hochstuckli, Mostelberg

WISSENSCHAFTLICHE WETTERPROGNOSE

«Wetterprognose für die Alpennordseite, Nord- und Mittelbünden: Zunächst noch recht sonnig, am Nachmittag aus Westen zunehmend dichtere Bewölkung und am Abend einsetzender Regen...» Hinter einem solch einfach formulierten Kurzwetterbericht steckt heutzutage ein relativ grosser Aufwand, und viel Technik wird eingesetzt, um täglich über die aktuellen Wetterlagen und Wetterereignisse informieren zu können. Aber schon seit Jahrtausenden versuchte der Mensch das Wetter vorherzusagen. Und damals wie heute gab es wichtige und weniger wichtige Gründe dafür. Vom Wetter und insbesondere von der Temperatur und vom Niederschlag hing es ab, ob eine Missernte oder grosse Erträge eingefahren werden konnten, und auch über Sieg und Niederlage entschied mitunter das Wetter, wenn Armeen in die Schlacht zu Land oder zu Wasser zogen. Selbst bei den kleinen, alltäglichen Dingen des Lebens wird man damals ähnliche Wünsche gehegt haben wie heute. Schön sollte das Wetter schon immer sein, wenn Feste anstanden oder man auf Wanderschaft ging. Mit einfachen Regeln oder über die Konstellation der Gestirne prophezeiten unsere Vorfahren das zukünftige Wetter. Wissenschaftler nehmen beispielsweise an, dass die Himmelsscheibe von Nebra, die 2100 bis 1700 Jahre vor Christus entstanden ist, auch für die Bestimmung des bäuerlichen Jahres – von der Vorbereitung des Ackers bis zum Abschluss der Ernte – gedient haben soll. Bereits in vorchristlicher Zeit und verstärkt im Mittelalter wurden sogenannte «Bauernregeln» aufgestellt, an deren Lostagen sich entscheiden würde, ob sich das Wetter zum Guten oder Schlechten wendet oder wie die kommende Ernte ausfällt. Bekannt sind zum Beispiel die Martini-Regeln (11. November), die eine Prophezeiung zum Verlauf des Winters formulieren: «Wenn an Martini Nebel sind, wird der Winter meist gelind» oder «An Martini Sonnenschein, tritt ein kalter Winter ein». Die Prognosegüte dieser Regeln ist aber gering, und so manche Bauernregel war ähnlich vage formuliert, wie es Horoskope heute sind, und deshalb war es nicht zuletzt eine Frage des Glaubens oder Aberglaubens, ob man sich darauf verlassen wollte oder nicht. Daneben sind auch die sogenannten Singularitäten erwähnenswert. Dies sind im Jahresablauf mehr oder weniger regelmässig auftretende Witterungsphasen. Beispiele dazu sind die Eisheiligen, die

Hundstage, der Altweibersommer oder das Weihnachtstauwetter. Da sie aber nicht jedes Jahr und unterschiedlich stark ausgeprägt oder nicht immer zur genau gleichen Zeit auftreten, eignen sie sich für eine Wettervorhersage im heutigen Sinn kaum. Der Vollständigkeit halber sei noch der Hundertjährige Kalender erwähnt. Er leitet sich von den täglichen Wetteraufzeichnungen ab, die ein Klosterbruder aus Bayern im 17. Jahrhundert während sieben Jahren gemacht hat. Man glaubte damals, dass sich der Wetterablauf nach sieben Jahren wiederholen würde, und so wurde der Kalender auf hundert Jahre erweitert. Prognostisch hat er – das muss man in dieser Deutlichkeit sagen – aber keinen Wert.

Historischer Rückblick

Die Grundsteine für die Meteorologie als exakte Naturwissenschaft wurden Mitte des 17. Jahrhunderts mit der Erfindung des Thermometers (vermutlich durch Galileo Galilei) und kurz darauf mit der des Quecksilber-Barometers durch Evangelista Torricelli gelegt. Schon kurz darauf wurden in einigen europäischen Städten Luftdruck und Temperatur gemessen, die Werte miteinander verglichen und physikalische Zusammenhänge erschlossen.

In der Schweiz forderte der Naturforscher Johann Jakob Scheuchzer 1697, dass an möglichst vielen Orten und nach einheitlichen Kriterien das Wetter mit Instrumenten beobachtet wird. Scheuchzer, der als erster Höhenmessungen mit barometrischen Instrumenten durchführte und mit Hilfe seiner klimatologischen Beobachtungen Wetterberichte abfasste, war aber mit seinem Aufruf wenig erfolgreich. Trotzdem existieren bis heute die sehr langen Messreihen von Genf ab 1753 sowie von Basel ab 1755. Ein zweiter Versuch machte 1823 die damals noch junge Schweizerische Naturforschende Gesellschaft (SNG). Sie errichtete das erste, gesamtschweizerisch koordinierte meteorologische Beobachtungsnetz mit zwölf Messstationen. Aber schon kurze Zeit später, 1837, wurden die Aktivitäten wieder eingestellt. In einem erneuten Anlauf stellte die meteorologische Kommission der SNG ein Konzept zum Aufbau eines Wetterbeobachtungsnetzes auf, welches die Bundesversammlung 1862 annahm.

1650 Mitte des 17. Jahrhunderts: Erfindung des Thermometers (vermutlich durch Galileo Galilei).

1660 Erfindung des Quecksilber-Barometers (ca. Mitte des 17. Jahrhunderts) durch Evangelista Torricelli, kurz nach der Erfindung des Barometers.

1670

1680

1690

1700 In der Schweiz forderte Johann Jakob Scheuchzer 1697, dass an möglichst vielen Orten und nach einheitlichen Kriterien das Wetter mit Instrumenten beobachtet wird.

1710

1720

1730

1740

1750

1760

1770

1780

1790

1800

1810

1820 Die Schweizerische Naturforschende Gesellschaft (SNG) errichtete 1823 das erste gesamtschweizerisch koordinierte meteorologische Beobachtungsnetz mit zwölf Messstationen.

1830

1840 Kurze Zeit später, 1837, wurden die Aktivitäten wieder eingestellt.

1850

1860 In einem erneuten Anlauf stellte die meteorologische Kommission der SNG ein Konzept zum Aufbau eines Wetterbeobachtungsnetzes auf, welches die Bundesversammlung 1862 annahm. In der ganzen Schweiz wurden im Jahr 1863 insgesamt 88 Wetterstationen errichtet. Dies gilt als Geburtsstunde des heutigen meteorologischen Messnetzes in der Schweiz.

1870

1880 Der Bundesrat entschied, dass ab 1. Juni 1878 ein täglicher Wetterbericht mit einer Vorhersage für den Folgetag erstellt werden musste, der in den Tageszeitungen erschien.
Die Bundesversammlung beschloss auf Antrag des Bundesrates, eine Schweizerische Meteorologische Zentralanstalt zu gründen, was offiziell am 1. Mai 1881 auch umgesetzt wurde.

1890

1900

1910

1920

1930 1927 gründete man den Flugwetterdienst als Teilbereich der Schweizerischen Meteorologischen Zentralanstalt.
Seit den 1930er Jahren führt man regelmässig solche Radiosondenaufstiege durch.

1940 Ab 1936 richtete man zunächst für den Zürichsee und nachfolgend auch für andere Schweizer Seen einen Sturmwarndienst ein.

1950

1960 Der erste Wettersatellit namens TIROS übermittelte 1960 die ersten Bilder.

1970

1980 1976 begann MeteoSchweiz mit dem Aufbau eines automatischen Messnetzes.
Seit 1977 zieht mit METEOSAT der erste europäische Wettersatellit im All seine Bahnen.
1979 installierte MeteoSchweiz auf La Dole und auf dem Albis die ersten Wetterradars.

1990 1993 wurde noch eine Radarantenne auf dem Monte Lema errichtet.

2000

Damit konnten in der ganzen Schweiz insgesamt 88 Wetterstationen errichtet werden, die ihren Betrieb nach einheitlichen Vorschriften und mit einheitlichen Instrumenten am 1. Dezember 1863 aufnahmen. Dies gilt als Geburtsstunde des heutigen meteorologischen Messnetzes in der Schweiz. Der Wetterbeobachter las damals dreimal täglich, immer um 7.00, 13.00 und 21.00 Uhr, die Werte für Luftdruck und Temperatur an seinen Messinstrumenten im Garten ab. Die Windrichtung zeigte ihm die Windfahne, und die Windgeschwindigkeit bestimmte er aufgrund der Auslenkung der Windplatte. Wenn es regnete, so mass er das im Niederschlagstopf gesammelte Regenwasser mit einem Messbecher. Vervollständigt wurde die Wetterbeobachtung noch durch eine Beschreibung der Bewölkungsverhältnisse und Wettererscheinungen. Einige Stationen lieferten sogar noch Angaben über die Wassertemperatur oder Ereignisse in der Tier- und Pflanzenwelt. Alle diese Werte und Beobachtungen wurden schliesslich in ein Tabellenformular eingetragen, das nach Monatsende per Post an die Meteorologische Zentralanstalt gesandt wurde. Die Wetterbeobachtungen wurden meistens von Menschen erledigt, die zum einen vertrauenswürdig und gewissenhaft waren und zum anderen Berufe ausübten, die sie zu den erforderlichen Zeiten am Ort hielt. Gerne wurden diese Aufgaben deshalb als Nebenamt an Stationswärter, Pfarrer oder Klosterbrüder übertragen. Eine Auswahl an Wetterstationen meldete zudem ihre Wetterbeobachtungen telegraphisch an die Zentrale in Zürich und fand dann so Eingang in die täglich veröffentlichten Wetterberichte.

Von der Wetterbeobachtung zur Wetterprognose

In den Anfangszeiten sammelten und analysierten Wissenschaftler die Beobachtungsdaten in einem provisorischen meteorologischen Büro an der Sternwarte in Zürich. Die Daten wurden jeweils in einem Jahrbuch veröffentlicht und für die Erforschung des Wetters und Klimas in der Schweiz genutzt. Wetterprognosen, wie sie beispielsweise zu dieser Zeit in Frankreich schon erhältlich waren, wurden aber noch keine herausgegeben. Die wachsende Zahl von Anfragen, besonders aus der Landwirtschaft, sowie schliesslich die konkrete Forderung der Westschweizer Bauern nach täglichen Wetterberichten fanden anfänglich bei der meteorologischen Kommission wenig Gehör. Sie befanden: Tägliche Wetterprognosen seien von keinem praktischen Nutzen und wissenschaftlich unmöglich. Einzelne Mitglieder der Kommission meinten aber immerhin, Wetterprognosen würden zum besseren Verständnis der Witterungserscheinungen dienen und helfen, den Aberglauben zu vertreiben. Schliesslich entschied der Bundesrat, dass ab 1. Juni 1878 ein täglicher Wetterbericht mit einer Vorhersage für den Folgetag erstellt werden musste, der in den Tageszeitungen erschien.

Mit den zunehmenden Aufgaben kam man bald an die personellen, räumlichen und finanziellen Grenzen. So beschloss die Bundesversammlung auf Antrag des Bundesrates, eine Schweizerische Meteorologische Zentralanstalt zu gründen, was offiziell am 1. Mai 1881 auch umgesetzt wurde. Erster Direktor war Robert Billwiller.

Neue Aufgaben stellten sich mit dem Aufkommen der Fliegerei. 1927 gründete man den Flugwetterdienst als Teilbereich der Schweizerischen Meteorologischen Zentralanstalt. Auf den Flugplätzen Dübendorf, Genève-Cointrin und Basel-Birsfelden wurden ab 1929 spezielle Beobachtungen für die Aviatik durchgeführt und international verbreitet. Heute ist der Flugwetterdienst auf den beiden Flughäfen Zürich-Kloten und Genève-Cointrin vertreten und liefert nebst den halbstündlichen Flugwetterbeobachtungen auch Beratungen für die Piloten und Flugplaner.
Auch der Schiffsverkehr wurde mit speziell auf seine Bedürfnisse abgestimmten Prognosen beliefert. Ab 1936 richtete man zunächst für den Zürichsee und nachfolgend auch für andere Schweizer Seen einen Sturmwarndienst ein. Bei aufkommendem Sturm wurde mittels gelber Flaggen oder Korbbällen, die an Masten am Seeufer hochgezogen wurden, gewarnt. Seit 1961 übernehmen Blinkwarnleuchten diesen Dienst. Der Sturmwarndienst sowie der Warndienst allgemein zählen auch heute zu den Kernaufgaben von MeteoSchweiz.

Wetterballone

Da die wetterrelevanten Prozesse in den höheren Luftschichten stattfinden, versuchte man schon früh, die wichtigen physikalischen Grössen mit an (Fessel-) Ballonen und Drachen angehängten Messsonden zu erfassen. Der Durchbruch kam aber erst mit dem Aufkommen der Funktechnik, die es erlaubte, die Messwerte direkt an die Bodenstation zu senden. Damit musste die Sonde nach dem Platzen des Ballons nicht mehr mit viel Zeitaufwand gesucht und geborgen werden. Seit den 1930er Jahren führt man regelmässig solche Radiosondenaufstiege durch. In der Schweiz ist dafür die 1941 gegründete Aerologische Station von MeteoSchweiz in Payerne zuständig. Routinemässig lässt man jeden Tag jeweils um die Mittagszeit und um Mitternacht einen Wetterballon auf eine Höhe von annähernd 35 Kilometern steigen. Die Radiosonden liefern wertvolle Temperatur-, Feuchte- und Windprofile, die für die Beurteilung des Meteorologen und als Eingangsdaten für die Computer-Wettermodelle grundlegend sind.

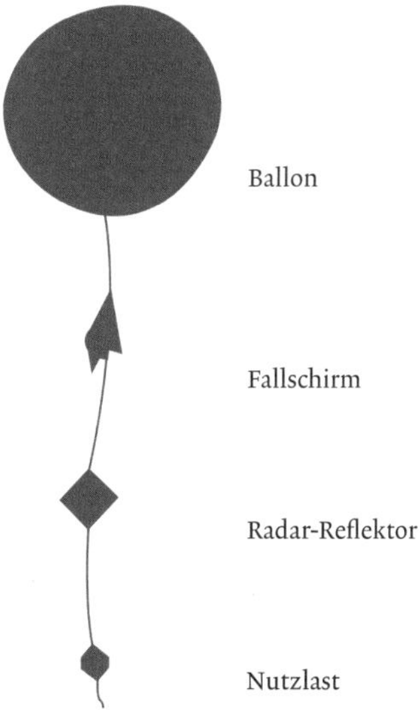

Satellitenbilder

Zu den Hauptwerkzeugen der heutigen Wettervorhersage gehören sicherlich die Wettersatelliten. Denn Satellitenbilder können sehr detailliert Auskunft über die Verteilung der Bewölkung geben. Daraus leitet der Meteorologe zum Beispiel den Verlauf von Warm- und Kaltfronten ab, die Lage der Jetstreams (Jetstreams sind Starkwindzonen in der Höhenströmung, verursacht durch horizontale Temperaturgegensätze) oder Regionen mit Quellbewölkung und Gewittern. Auf Infrarotbildern kann zusätzlich die Temperatur der Wolkenobergrenze bestimmt werden, so dass daraus eine Unterscheidung zwischen hohen, mittelhohen oder tiefen Wolken getroffen werden kann. Durch das Betrachten einer animierten Sequenz von Satellitenbildern (Satellitenfilm) können zudem die dynamischen Vorgänge in der Atmosphäre besser verstanden werden. Der erste Wettersatellit namens TIROS übermittelte 1960 die ersten Bilder. Weitere verbesserte Satelliten folgten, und seit 1977 zieht mit METEOSAT der erste europäische Wettersatellit im All seine Bahnen. Inzwischen ist bereits die zweite Generation von METEOSAT-Satelliten in Betrieb. Sie senden alle fünfzehn Minuten ein Multispektralbild des gleichen Ausschnitts zur Erde. Erfasst wird von den zwölf Beobachtungskanälen sowohl der sichtbare Bereich des Lichts als auch der Infrarotbereich. Damit kann in bisher nicht gekannter Präzision das Wettergeschehen in verschiedenen Höhenschichten der Atmosphäre erfasst werden. Wettersatelliten liefern ausserdem wichtige Daten, um in einem Wettervorhersagemodell den Anfangszustand zu bestimmen. Als Anfangszustand bezeichnen Meteorologen den Ausgangspunkt ihrer Prognoserechnungen, der aufgrund von Messdaten das aktuelle Wetter beschreibt. Das Berechnen von Modellvorhersagen ist nur dank sehr leistungsstarker Rechner möglich und verbessert die Prognose insbesondere auch hinsichtlich möglicher Extremwetterlagen wie starken Stürmen oder Niederschlägen. Schliesslich bieten Satellitenbilder im Fernsehen den Zuschauern einen anschaulichen Überblick über das Wettergeschehen und sind dort nicht mehr wegzudenken.

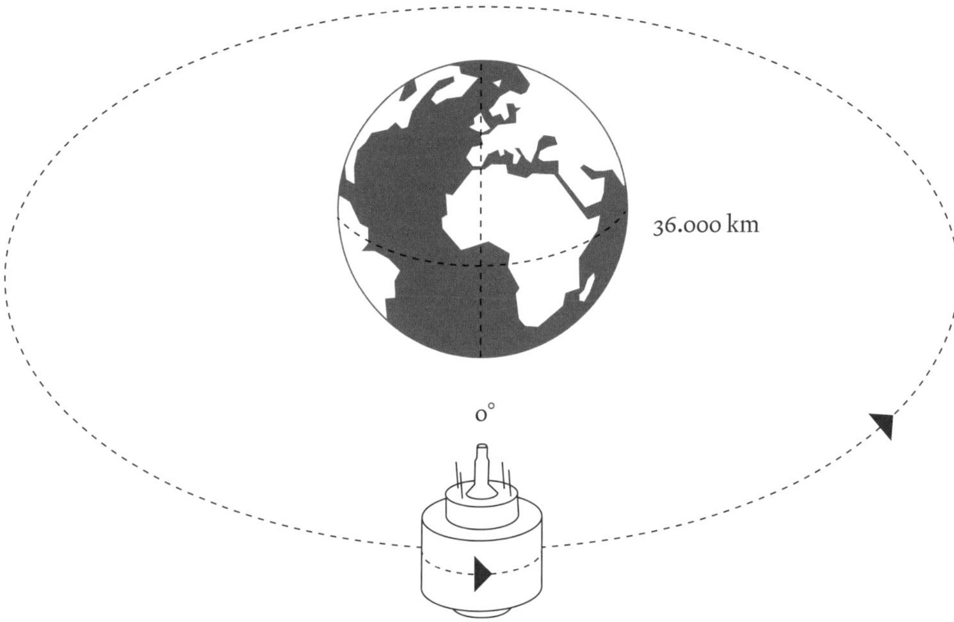

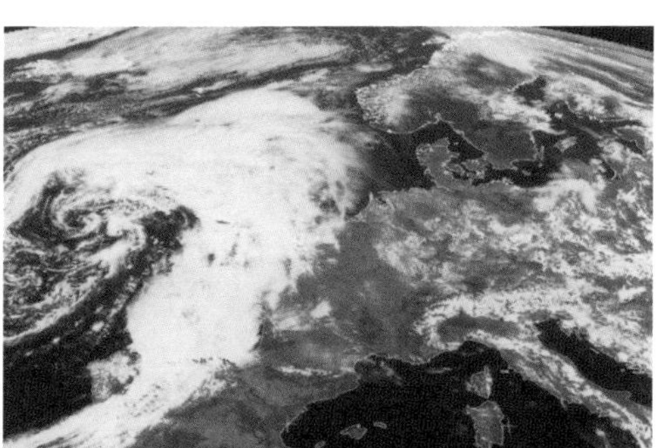

Ein METEOSAT-Satellit dreht sich mit derselben Winkelgeschwindigkeit um die Erde, wie die Erde um sich selbst. Somit bleibt er von der Erde aus gesehen an einem festen Punkt über der Erde stehen. Der Satellit muss zusätzlich noch um seine eigene Achse rotieren, um sich zu stabilisieren. Diese Satelliten senden alle fünfzehn Minuten ein Multispektralbild des gleichen Ausschnitts (um den Nullmeridian liegende Regionen) zur Erde.

Radar

Beim Wetterradar macht man sich die Reflektions- und Streuungseigenschaften von Niederschlägen zunutze. Regen, Schnee und Hagel können mit dieser Technik flächendeckend erfasst werden, und diese Daten werden dann in ein sogenanntes Kompositbild überführt, das heisst, das Niederschlagsgeschehen wird sichtbar gemacht, und selbst Laien sind so in der Lage, die Verteilung und Intensität der Regen- oder Schneefälle zu erkennen. Seit den 1970er Jahren wurde die Anwendung der Radartechnik für die Erfassung von Niederschlägen stark weiterentwickelt. 1979 installierte MeteoSchweiz auf La Dole und auf dem Albis die ersten Wetterradars. Um auch die Alpensüdseite abzudecken, wurde 1993 noch eine Radarantenne auf dem Monte Lema errichtet. Heute liefert das Schweizer Wetterradarnetz alle fünf Minuten ein Kompositbild der aktuellen Niederschlagssituation über der Schweiz. Es ist fast flächendeckend. Nur einige inneralpine Gebiete stehen wegen den hohen Bergen ganz oder teilweise im Radarschatten. Dass neben der räumlichen Verteilung der Niederschläge auch die Niederschlagsintensität festgestellt werden kann, ist von zentraler Bedeutung. Denn wenn Regen-, Schneefall- oder Hagelzonen relativ präzise erfasst und verfolgt werden können, bedeutet das beispielsweise, dass die Entwicklung eines Gewitters bereits im Frühstadium erkannt werden kann. Sieht der Meteorologe auf dem Radarbild eine sich bildende Gewitterzelle, kann er aufgrund seiner Einschätzung und Erfahrung die weitere Entwicklung und die Zugbahn des Gewitters prognostizieren und nötigenfalls eine Warnung für die betroffene Region ausgeben. Unterstützt wird er dabei von speziellen rechnerbasierten Systemen, die die Entwicklung und Zugbahn von Gewitterzellen für die nächsten Minuten und Stunden vorausberechnen. Die heutigen Dopplerradare erlauben es zudem, horizontale Windfelder sowie vertikale Windprofile abzuleiten. Mit ihnen können Feinstrukturen des Windes, wie sie beispielsweise im Bereich einer Front oder eines Gewitters auftreten, untersucht werden.

Messnetz

Das Fundament einer jeden Wetterprognose bilden aber die Wetterbeobachtungen der Bodenmessnetze. Weltweit gibt es Tausende von Wetterstationen, die zu vereinbarten, festen Zeiten eine Beobachtung machen und die Daten über einen speziellen Code international miteinander austauschen. Früher wurden die Wetterbeobachtungen noch manuell gemacht und zum Teil telefonisch an eine Zentrale übermittelt. MeteoSchweiz begann 1976 mit dem Aufbau eines automatischen Messnetzes. An einer Station werden bis zu zwanzig verschiedene Messgrössen wie zum Beispiel Wind, Temperatur und Luftdruck gemessen, und dies alle zehn Minuten. Heute betreibt MeteoSchweiz im SwissMetNet 130 automatische Wetterstationen in allen Landesteilen und Höhenlagen. Die höchstgelegene Station befindet sich auf dem Jungfraujoch 3580 Meter über Meer. Zusätzlich gibt es noch ein Niederschlagsmessnetz mit über 300 Stationen. Ein Teil davon soll in Zukunft auch automatisch betrieben werden. Ergänzend zu diesem Messnetz besitzt MeteoSchweiz zahlreiche Kamerastationen, die hauptsächlich entlang von Flugrouten stehen und Informationen über die Bewölkungsverhältnisse und Sichtweite liefern. Denn treue, langjährige Wetterbeobachter sind in der heutigen Zeit zunehmend schwieriger zu finden.

Numerische Modelle

Eine Wettervorhersage für die nächsten paar Stunden oder für die folgenden ein bis zwei Tage lässt sich – das dafür notwendige Fachwissen und die Erfahrung vorausgesetzt – mit herkömmlichen synoptischen Regeln (Synopse bedeutet so viel wie Gesamtschau, Zusammenschau) oder Extrapolationsverfahren (ein bisheriger Verlauf wird in die Zukunft fortgesetzt) durchaus ohne die Hilfe von Computer-Wettermodellen machen, je nach Wetterlage. Aber je weiter voraus die Meteorologen das Wetter prognostizieren wollen, desto mehr sind sie auf die Computer-Wetterkarten angewiesen. Diese rechnergestützten Wettervorhersagen werden numerische

Wettermodelle genannt und sind eine vereinfachte Darstellung der Atmosphäre und ihrer Prozesse. Komplizierte mathematisch-physikalische Berechnungen müssen an Tausenden von Punkten eines engmaschigen Gitters, das den ganzen Globus umspannt, bewerkstelligt werden. Dies erfordert natürlich einen enormen Rechenaufwand, der nur von einem Supercomputer gemeistert werden kann. Die heutige Generation global rechnender Modelle hat einen Abstand zwischen den Gitterpunkten von sechzehn Kilometern. MeteoSchweiz betreibt seit 1993 auch noch ein höher aufgelöstes Modell. Die höhere Auflösung bedingt aber einen nochmaligen Anstieg der Datenmenge, und deshalb wird dieses Modell nur regional, beispielsweise für Europa verwendet. Die heutigen Modelle von MeteoSchweiz haben eine horizontale Auflösung von sieben Kilometern respektive zwei Kilometern und werden auf einem Supercomputer der ETH gerechnet, der in Manno im Tessin steht. Aufgrund der hohen Auflösung wird die Topographie der Alpen mit den grösseren Tälern schon recht realitätsnah abgebildet. Dadurch können zum Beispiel die Luftströmungen im Alpenraum simuliert werden. Alle diese Computer-Wettermodelle produzieren täglich eine riesige Menge an Daten. Die Aufgabe des Meteorologen ist es nun, die Computer-Wetterkarten zu analysieren, zu interpretieren und schliesslich daraus eine Wetterprognose abzuleiten, die von den Nutzern verstanden wird. Dazu muss der Meteorologe die bisherigen Modellvorhersagen ständig mit der aktuellen Wettersituation vergleichen, um abschätzen zu können, ob die Modelle nicht schon zu Beginn der Prognose vom realen Wetter abweichen. Trotz ihrer hohen Auflösung sind die Geländeformen im Modell immer noch geglättet. Der Meteorologe kann aber daraus aufgrund seiner Erfahrung und seiner Kenntnisse der lokalen Klimatologie sowie den Stärken und Schwächen eines Modells die spezifischen Einflüsse auf das Wetter einer Region ableiten. Eine neuere Technik in der Modellvorhersage ist die Ensemble-Prognose. Dabei werden mit einem Modell fünfzig Simulationen durchgeführt: jeweils mit leicht «verfälschten» Anfangswerten, ähnlich einer Sensitivitätsanalyse. Die Ergebnisse werden dann statistisch ausgewertet und liefern so Angaben über die Wahrscheinlichkeit des Auftretens eines bestimmten Wetterphänomens oder über die Vorhersagbarkeit (Prognosezuverlässigkeit).

Prognosemethoden

Wie eingangs bereits erwähnt, wurden die ersten offiziellen Wetterprognosen für die Schweiz ab 1878 erstellt. Damals basierten die Vorhersagen hauptsächlich auf einfachen Regeln aus der Wetterbeobachtung und Interpretationen des lokalen Barometerverlaufs. Eine wichtige Grundlage bildete zudem eine einfache «Wetterkarte», die nebst Stationseintragungen aber nur die Isobaren (von griechisch iso, «gleich», und baros, «Druck») über Europa darstellte, sprich, es wurden jene Orte gleichen Luftdrucks ausgewiesen, die wie die Höhenlinien einer Wanderkarte miteinander verbunden und sichtbar gemacht werden und sich um den Kern eines Hoch- oder Tiefdrucksystems gruppieren. Die Interpretation der Wetterdaten und das Ableiten einer Wetterprognose erforderte viel Erfahrung. Einen grossen Fortschritt machte die Prognosetechnik mit dem Aufstellen und Einführen der Polarfronttheorie durch den norwegischen Meteorologen Vilhelm Bjerknes in den 1920er Jahren. Das Konzept über die Zyklonenentwicklung (als Zyklonen bezeichnet man aussertropische Tiefdruckgebiete) sowie über Warm- und Kaltfronten verbreitete sich schnell in den Wetterdiensten und fand seine Anwendung auch in der Schweiz. Mit Hilfe der Polarfronttheorie gelang es den Meteorologen, die Entwicklung und Verlagerung von Tief- und Hochdruckgebieten sowie Fronten besser vorherzusagen und damit auch die Wetterprognose zu verbessern. Es entstand ein ganzer Satz von empirischen Prognoseregeln, die in Ergänzung zu den Computermodellen zum Teil heute noch ihren Nutzen haben. Weitere Fortschritte im Verständnis der atmosphärischen Vorgänge, des vertikalen Aufbaus von Fronten und in der Vorhersage wurden mit dem Aufkommen der Radiosonden erzielt. Schon seit der Entwicklung der ersten leistungsfähigen Computer wurde versucht, die atmosphärischen Prozesse in Rechenmodellen darzustellen und mit dem Computer die zukünftige Entwicklung zu berechnen. Bei MeteoSchweiz fanden die ersten Computer-Wetterkarten zu Beginn der 1960er Jahre Eingang in die operationelle Wetterprognose. Allerdings zeigten sie zunächst nur die Entwicklung der Höhenströmung und Bodendruckfelder. Erst mit der weiteren Verfeinerung der Modelle, die im Gleichschritt mit immer leistungsfähigeren Rechnern einherging, konnten zunehmend auch die Wolken- und Niederschlagsbildung simuliert werden. Seit 1993 betreibt MeteoSchweiz auch ein eigenes hochaufgelöstes Wettermodell. Es wurde im Laufe der Zeit stetig weiterentwickelt und ist heute eine unverzichtbare Grundlage für die Wetterprognose. Einen weiteren bedeutenden Sprung erlebte die Wettervorhersagetechnik mit dem Aufkommen von Wettersatelliten sowie der Einführung der Wetterradars. Satellitenbilder liefern heute wichtige Informationen über die Entwicklung und Verlagerung der Wettersysteme und Bewölkungs- sowie Strömungsverhältnisse und dienen so der Wetterüberwachung sowie der momentanen Einschätzung der numerischen Modelle. So kann beispielsweise mit Hilfe von Infrarot-Satellitenbildern die Höhe der Wolkenobergrenze abgeschätzt werden, oder mit einem Vergleich zwischen der Position einer Kaltfront auf dem Satellitenbild mit derjenigen im Modell die aktuell gültige Prognose nötigenfalls korrigiert werden. Die Wetterradare haben eine grosse Bedeutung in der Wetterüberwachung und im Warndienst. Wie bereits erwähnt, können auf Radarbildern Niederschlagszonen und Gewitter detektiert werden. Zusätzlich wird aus den Radarinformationen automatisch die Verlagerungsrichtung und -geschwindigkeit einer Gewitterzelle errechnet und daraus die Verlagerung in der nächsten Stunde bestimmt. Damit kann der Meteorologe zielgerichtete Warnungen ausgeben. Durch die bis heute erreichte Qualität von Modellvorhersagen wird eine Anzahl von Produkten vollautomatisch generiert und an die Kunden verteilt. Trotzdem sind, gerade in einer so komplexen Topographie, wie sie die Schweiz aufweist, immer noch profunde Kenntnisse der lokalen meteorologischen und klimatologischen Verhältnisse eine wesentliche Voraussetzung, um die Flut an Mess- und Prognosedaten richtig zu interpretieren.

Eine Wetterprognose entsteht

Im Wetterdienst von MeteoSchweiz in Zürich arbeiten die Meteorologen im Schichtbetrieb an 365 Tagen/24 Stunden. Nur so sind eine fortlaufende Wetterüberwachung und ein Warndienst rund um die Uhr gewährleistet. Jede Wetterprognose hat ihren Ursprung in der Analyse des aktuellen Zustands der Atmosphäre. Der Meteorologe schaut sich also zuerst die letzten Beobachtungen an. Dazu analysiert er von Hand eine Bodenwetterkarte von Europa, auf der die Meldungen der Wetterstationen nach einem fest definierten Schema eingetragen sind. Mit Farbstiften werden Niederschlags- sowie Nebelgebiete, Gewitter, Kalt- und Warmfronten markiert und mit einem Filzstift die Isobaren gezogen. Am Bildschirm kann der Meteorologe zudem die aktuellen Messungen der automatischen Messnetze überblicken. Mit Hilfe von Radar- und Satellitenbildern vervollständigt er seine Gesamtsicht und hat somit einen Ausgangspunkt für seine Prognose. Mit bewährten Vorhersageregeln, wie im letzten Abschnitt beschrieben, und mit seiner Erfahrung kann dann bereits die Wetterentwicklung für die nächsten Stunden oder für den Folgetag prognostiziert werden. Aber die Hauptbasis für die Prognose bilden die Daten der Wettervorhersagemodelle. Der Meteorologe analysiert und interpretiert die unzähligen Computerwetterkarten, Diagramme und Tabellen. Bevor aber voreilig eine Prognose «blindlings» aus den Computermodellen abgeleitet wird, müssen die ersten paar Stunden der Modellvorhersage sowie die vorgängigen Modellberechungen mit dem bisherigen, tatsächlichen Wetterverlauf verglichen werden. Stellt der Meteorologe eine Abweichung fest, z. B. eine Kaltfront verlagert sich schneller, als das Computermodell vorhersagte, so muss er entscheiden, ob es sich nur um eine kurze, vorübergehende Abweichung handelt oder ob es allenfalls Auswirkungen auf das Wetter für morgen haben kann und die Prognose angepasst werden muss. Unter Berücksichtigung all dieser Erkenntnisse erstellt der Meteorologe dann einen Wetterablauf für die nächsten sieben Tage für alle Regionen der Schweiz. Zweimal täglich besprechen die Meteorologen der drei Vorhersagezentralen von MeteoSchweiz in Zürich, Genf und Locarno-Monti an einer Telefonkonferenz die prognostizierte Wetterentwicklung und nehmen noch allfällige Feinabstimmungen vor. Daraus werden schliesslich je nach Kundenkreis eine Textprognose geschrieben, Zahlenwerte und Symbole ausgegeben oder wie beispielsweise für die Fliegerei speziell codierte Bulletins verfasst.

Kunden

Waren historisch die Bauern die Ersten, die Wetterprognosen forderten, so spielen heute Wettervorhersagen in allen Bereichen, wo wetterabhängige Entscheide getroffen werden müssen, eine grosse Rolle. Hier eine Auswahl: Für die Fliegerei werden spezifische Produkte über flugrelevante Grössen, wie zum Beispiel Sichtweite, Höhe der Wolkenuntergrenze, Turbulenz, Vereisungsgefahr, erstellt. Für alle internationalen und regionalen Flughäfen werden die Flugplatzwettervorhersagen alle drei Stunden aktualisiert. Auch heute noch werden spezielle Prognosen für die Landwirtschaft gemacht. Beim Bau können bestimmte Arbeiten, zum Beispiel das Einbauen eines Strassenbelags, nur bei trockenen Verhältnissen durchgeführt werden. Die Planung dieser Arbeiten erfordert eine verlässliche Wetterprognose. Mit der neugewonnenen Freizeit und den zahlreichen Aktivitäten, die der Mensch im Freien abhält, ist auch die breite Bevölkerung an immer genaueren Wettervorhersagen interessiert. Sei es für eine Wanderung, fürs Skifahren, für eine Velotour, den Besuch eines Open-Air-Kinos oder einfach das Quartierfest: Ob diese

Vorhaben gutgelaunt genossen werden können oder sprichwörtlich ins Wasser fallen, wird vom Wetter entscheidend beeinflusst. Die Tourismusbetriebe, wie beispielsweise Bergbahnen oder Restaurants, möchten wissen, wie das Wetter am nächsten Wochenende wird. Dies ist wichtig für die Personalplanung, den Einkauf, den Einsatz von Beschneiungsanlagen usw. Eine weitere Nutzergruppe von Wetterprognosen sind Elektrizitätswerke. Sie benötigen Informationen über die Niederschläge und Temperaturentwicklung der kommenden Tage, damit der Strombedarf und somit die Steuerung der Kraftwerke optimal erfolgen kann. Im Winterhalbjahr liefert MeteoSchweiz spezielle Strassenwetterprognosen für die Strassenunterhaltsdienste. Es sind Vorhersagen über die Oberflächentemperatur von Strassen und die zu erwartenden Niederschläge, aus denen sich die Strassenverhältnisse ableiten lassen. Sie dienen der Einsatzplanung der Unterhaltsfahrzeuge und dem gezielten und somit ökonomischen Ausbringen von Streusalz. Für die Medien werden täglich Wetterprognosen für Zeitungen und das Internet bereitgestellt, und zahlreiche Radiostationen wünschen Live-Interviews mit den Meteorologen. Wachsende Bedeutung kommt in den letzten Jahren dem Warndienst zu. MeteoSchweiz gibt offizielle Wetterwarnungen für verschiedene Phänomene aus. Es wird gewarnt vor Sturm, Starkniederschlägen, starkem Schneefall, Frost, Hitzewellen, heftigen Gewittern, Tauwetter, Waldbrandgefahr und Strassenglätte. Die Warnungen werden nebst den Behörden über Internet und SMS auch an alle Interessierten verbreitet. Die Sturmwarnungen für die Seen werden mit speziellen orange blinkenden Warnleuchten an den Ufern signalisiert.

Anhang

Beim Wandern ist es schön ruhig, kein Wind, und die Sicht ist violettblau. Was bedeutet die Ruhe vor dem Sturm?
Gefahr in den Hochalpen, es wird ein starker Nebel in kürzester Zeit die Sicht verdecken.

Die Vögel pfeifen laut mit hörbarem Tonwechsel. Wie wird das Wetter?
Bis am Abend regnet es.
Was bedeutet es, wenn 10- bis 20-jährige Tannen bei schönem Wetter krumme Dolden bekommen?
Spätestens am nächsten Morgen wird Regen einsetzen.
Nach einem regnerischen Tag röten sich die Wolken im Abendrot. Wie wird das Wetter am anderen Tag?
Es wird schön.

Wie wird das Wetter wohl sein, wenn es in der Nacht klar ist und es am nächsten Morgen viel Tau hat?
Es gibt einen sehr schönen Tag.
Was bedeutet es, wenn bei schönem Wetter einzelne Steine auf dem Wanderweg nass sind?
Es wird in zwei bis drei Stunden regnen.

Welches Wetter wird erwartet, wenn die grossen Waldameisen (Waldhängste) bei schönem Wetter die Ausgänge schliessen und sich nur noch einzelne Tiere langsam über den Haufen bewegen?
Bald wird es kälter, und es schneit in zwei bis drei Tagen.
Bei welchem Wetter fliegen die Ameisen zu ihrem Hochzeitsflug?
Nur bei schönstem Wetter fliegen die Ameisen. Am Abend gibt es Gewitter.

estaurant
WETTERSTATION
HOTEL SONNE
dpcreklamen.ch
Akkordgerüstbau
marty sport
unteriberg

links oben: Martin Holdener
rechts oben: Peter Gwerder
unten: Peter Suter & Benny Wagner
bei einem Vereinsausflug
im Hochybrig

von links nach rechts:
Karl Reichmuth (Karri), Peter Gwerder
und Robert bei einem
Vereinsausflug im Hochybrig

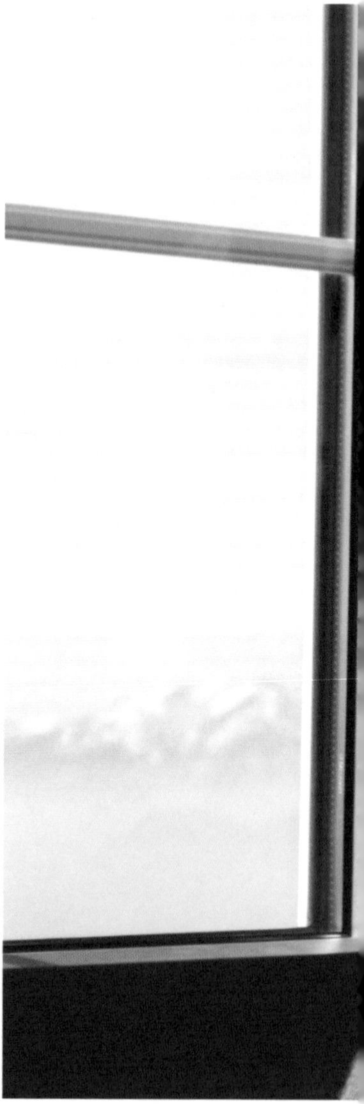

links oben: Martin Horat und Karri im Lift (Hochybrig)
links unten: Martin Holdener mit dem Sohn Michi (Haggen, Schwyz)
rechts: Karri in einer Gaststätte (Hochybrig)

links: Peter Suter untersucht den Wasserfall in Ried
rechts: Martin Horat mit Robert in einer kleinen Kapelle im Mythenwald

Die Propheten und der
Meldeläufer in ihrem Element,
beim Beobachten der Natur.
Links Peter Gwerder, rechts Peter
Suter und Alois Holdener

Die Propheten in der Natur, links unten: Walter Laimbacher

Central
P.S.

Der Verein bei der Generalversammlung. Die einzelnen Propheten tragen ihre aktuellen Prognosen dem Publikum vor.

1. «50 Jahre Meteorologen-Verein Innerschwyz», 1997 von Walter Laimbacher
2. «Chronik vom Urschweizer Wetter», von W. Laimbacher
3. Geolino Extra, Nr. 13, 2008
4. Zürcher Wald 4/2006
5. http://mythenfilm.ch

«Mein Dank gilt besonders den Wetterpropheten, dem Präsidenten, seiner Frau, Thomas und dem gesamten Verein. Durch ihre Offenheit und Hilfsbereitschaft haben sie es mir ermöglicht, dieses Projekt zu realisieren. Weiterhin möchte ich meiner Familie – Florian und Jul – meinen Eltern, Prof. Brückner, Peter Graf und Anaïs Walde, Dennis, Mechi, Tobias, Iliana, Tina, Fee, Franzi, Hildegard, Christoph Felder, Bruder Konrad, Andreas Meyerhans, Markus Matzner und allen anderen, die mich unterstützt haben, danken!»

Ileana Soana lebt und arbeitet seit 2007 als freiberufliche Diplom-Designerin in Hamburg. Die 1981 in Mühlbach (Rumänien) geborene Autorin studierte Design an der Fachhochschule Münster und an der Hochschule für Gestaltung und Kunst Zürich. Bereits als Studentin wurde sie ausgezeichnet für ihre gestalterische Arbeit. Heute steht im Mittelpunkt ihrer Arbeit die Konzeption und Gestaltung von Büchern.

Impressum

Dieses Buch konnte Dank der grosszügigen Unterstützung folgender Institutionen und Stiftungen verwirklicht werden:

AVINA STIFTUNG

Kulturkommission Kanton Schwyz

VICTORINOX

ERNST GÖHNER STIFTUNG

Idee, Konzept und Gestaltung:
Ileana Soana
(www.ileanasoana.com)
Texte: Eugen Müller, Ileana Soana und Lukas Walde
Druck und Bindung:
Kösel GmbH & Co. KG, Altusried / Krugzell (D)

ISBN 978-3-03774-003-3

WALDE+GRAF